ぶどう・きっぷ・ちょうちょうなど
音読と書字のための視覚トレーニング
発達障害・ひらがなが苦手・どの子も伸ばす
ゆっくりよみかきトレーニング
武田 洋子 著
平岩 幹男 監修

解説

保護者・指導者の皆様へ

別冊「解説」は本体にこの表紙を残したまま、ていねいに抜き取ってください。
なお、「解説」抜き取りの際の損傷についてのお取り替えはご遠慮願います。

小学館

発達障害・ひらがなが苦手・どの子も伸ばす

ゆっくり よみかき トレーニング

ぶどう・きっぷ・ちょうちょうなど
音読と書字のための視覚トレーニング

解説
保護者・指導者の皆様へ

小学館

はじめに

２００７年に最初の支援教材「小児科医がつくったゆっくりさんすうプリント」を刊行して以来、発達障害の子どもへの理解もかなり進んだと感じております。私自身もこの間、たくさんのことを学びました。たとえば、遅れそうな子どもにはなおのこと、就学前からの学習支援を考えるべきであり、将来を視野に、先取りで得意な力を伸ばすのもありということ、遅れてしまった子どもには学び直しのシステムが必要なこと、そして、発達障害の子どもに分かりやすい教え方・学び方は、どの子にもさらに分かりやすいことなどです。

そうした気付きの一つのきっかけは、読者の方々からの「療育用の本ですが、幼児の教育にぴったりな気がする」あるいは、外国人留学生の「子どもの学習に助かっている」という声でした。発達の遅れや偏りのある子どもが取り組みやすく、分かりやすくと、丁寧に歩みを進めた構成を、思いがけない視点から評価していただきました。お届けする「ゆっくりよみかきトレーニング」も、先取りや遅れた子どもの復習、あるいはまた発達障害の子ども、帰国子女、それぞれのニーズでお使いいただき、お役に立つよう祈ります。

全国重症心身障害児（者）を守る会
三宿診療所
武田　洋子

推薦のことば

Rabbit Developmental Research　平岩幹男

私が初めて武田先生にお目にかかったのは、10年くらい前に私が思春期の発達障害についての講演をした時でした。そのあとでお話しをする機会があり、ちょうど武田先生の最初の本「ゆっくりさんすうプリント　10までのかず」が出た頃で、その本をいただいて帰りの電車の中で読み、早速外来診療の中などでも紹介させていただくことにしました。

コミュニケーションは言語的なコミュニケーションと非言語的なコミュニケーションに分かれます。言葉を話し始める前は非言語的なコミュニケーション、たとえば目を合わせるとか動作の身振りで要求を示すなどが中心ですが、言葉を話すようになってくると、言葉を介してのコミュニケーションの機会が多くなります。言葉によるコミュニケーションは音声によるコミュニケーション（聞く、話す）と文字によるコミュニケーション（読む、書く）に大別することができます。

文字によるコミュニケーション、つまりは「読み」の苦手な子どもたちがいることは以前から知られていましたし、そうした子どもたちは学習障害、すなわち学習が苦手な子どもたちとして扱われてきました。多くの場合には音声言語である聞く能力と話す能力については障害のないことが多いので、読みの苦手さがあったり書きの苦手さがあったりという文字言語の障害を抱えていてもすぐには気付かれず、「ちゃんと読みなさい」「もっと集中しなさい」などという声かけが学校でも家庭でもされていることが今でもしばしばあります。

このように、読みの障害は外から見ただけでは分かりません。ですが、知的な遅れを伴わないにもかかわらず、学校生活ではテストで良い点が取れないと、知的な遅れがあるのではないかと疑われることがあります。そして発達検査や知能検査を受けさせられ、それらの点数が低いと知的な遅れがあると判定されて、通常学級にいるのに特別支援学級への転籍を勧められる、そんなことも何度となく目にしてきました。算数では計算問題は得意だけれども、文章題ができないこともよくあります。

読みの障害は現在ではディスレクシア、発達性読み書き障害と呼ばれるようになっています。アメリカ精神医学協会の診断基準DSM-5では、限局性学習障害の中に位置付けられています。読みの苦手さは「読むのが苦手」から「読めない」までさまざまな程度の連続性があります。当たり前ですが、適切に読むことができなければ適切に書く事も苦手になってきます。

子どもたちの語彙の獲得は文字を獲得する前の幼児期には耳で聞くことによって、すなわち聴覚から語彙を蓄積していきます。5歳ころには1000語程度の語彙があると考えられていますが、その後、文字を覚えるようになってくると、目で見て単語や文章を理解し、語彙を増やすようになっていきます。小学校入学後は、卒業するまでに語彙が数倍に増えていきます。

しかし、ディスレクシアがあると読んで語彙を増やすことが困難ですので、年齢が進むにつれて周りの子に比べて語彙の乏しさが目立つようになることがよくあります。語彙が少なくなれば、話し言葉で状況を適切に話すことも苦手になってきますし、それこそテストの点数だけではなく、学力の低下にもつながっていきます。知的な障害がないのに社会生活がうまくいかなくなる、そんな場面を想像してみてください。

それではディスレクシアの治療法や対応法はないのでしょうか。ただ読めないことに対して努力を強いていればよいのでしょうか。子どもたちにとって読むことが苦手である場合に、何が苦手なのかを明らかにし、それをサポートするトレーニングをすることによって、それまで「できなかったこと」が「できるようになる」ことは珍しくありません。

ディスレクシアの診断すら受けられずに、そして診断をもし受けたとしても対応方法が分からずに苦しんでいた子どもたちに「何をするか」については、まだまだ一般に知られているとは言えませんし、そのためのガイドブックもありませんでした。もっと言えば、ディスレクシアの診断がなくても「読み」の苦手さがあり、そのために苦労するのであれば、まずはできることから始めませんかというお誘いが本書です。

読みの障害は程度がさまざまであることはすでにお話ししましたが、対応についても画一的にすればなんとかなるというものではありません。どこが苦手なのかを理解してそのための練習をしていくことが、上達につながってきます。そして、それが新たな語彙の獲得や、ひいては会話表現の円滑さにもつながっていきます。読むのが苦手なときにただ「様子を見る」だけでは、おそらく何も変わりません。

「できることを積み重ねて増やしながら、さらにできることを増やす」ことは、子どもたちの「できる」という自信や笑顔につながっていきます。ディスレクシアは、早くから対応を始めることで、学習の遅れや語彙の不足に対応することが可能になっています。それでは本書を読み始めてみましょう。もちろん全部読んでからではなくても、気になったところから読んで練習をすることもお勧めです。

困っていませんか？こんな風に…

【読めなくて心配】

まとめて読めず。すぐには意味が分からず。

「あり」は何とかクリア、「てんとうむし」はつまずく。

なかなか文字を読もうとしない。教えても覚えない。興味がなさそう。

文字は何とか読めても、続くと拾い読み、文字や行のとばし読み、途中でつかえる、止まる。

すらすら読めないから音読はおっくうでいや。

一行目は集中して一生懸命！
しかし、次第に疲れて間違いが増えてしまう。

「さ」と「き」、「め」と「ぬ」など、似た文字を読み間違える。

区切るところが分からなかったり、勝手に変えたり、意味不明。

算数の計算はできるのに文章題ができない。

例：「そのときのおかあさんはとてもうれしくて、」
→「そとの（外の）　きのお（昨日）か　あさ（朝）はと（歯と）ても（手も）　あらいます。」

【書けなくて大変】

文字のパーツがバラバラでまとまらず、一部がマスからはみ出す。

記憶があいまい。

二文字混じってどっちか？な文字や、似ている（から読める）けどちょっと違う文字（おしい！）を書く。

板書をノートに写すのが遅い、できない。ノートや連絡帳は、ぐちゃぐちゃで読めず。

授業についていけず、宿題を忘れたり忘れ物をしたり。

書き順を覚えない、守れない。

鏡文字を書く。はね・曲がり・回し方など、一部が反対向きになる。

「がっこうへいった」のつもり

その一方で、いいところもある…

おやつ何がいい？
アイスがいい！
お話しはできるし、簡単な質問には答えられるのよね。
耳と口は（さしあたり）大丈夫そう。
テレビのアニメなどは楽しそうに見て、ストーリーも分かっている。
目も（さしあたり）大丈夫そう。
おはようございます。

そうした子どもたちのために… 小児科医としてお伝えしたいこと

1 気付いてほしい、子どもたちの困難

こうした症状は「発達性読み書き障害」と言われ、最近は医療機関につながり診断される子どもも増えてきました。しかし、まだたくさんの子どもが、気付かれることなく学習につまずき、ご家族も心配されていることと思います。まずはそうした子どもたちが、目は見えていても上手に読み書きできずに「困っている」こと、学習ぎらいのいけない子どもではなく、眼鏡や補聴器を必要とする子どもと同じように、「支援を必要としている」ことに気付いていただきたいと思います。

2 発達性読み書き障害とは？

例えば、私たちがよく知らない外国語やパソコンの文字化け画面を目にするときの感覚と似ています。目は見えて耳も聞こえ口もきけるのに、まともに読むことや理解することができずちんぷんかんぷんとなります。ただ、読み書きが全くできないというよりは正確さと流暢さ（正しくすらすら）の困難として表れることが多く、症状には個人差があります。

3 なぜそうなるの？

原因は一人ひとり異なりますが、次のような力の不足が見られます。

①文字の形を捉える心の目の力――「は」と「ほ」などを見分ける
②文字と読み方をマッチングする力――あ（a）、い（i）など
③文字の一つづりから意味をくみ取る力――「とけい」か「けいと」かなど
④文字の形を覚えておいて、思い出して正しく書く力――×ほ○ほ
⑤文中で、言葉のまとまりを捉える力―「おかあさんは　とても　うれしくて」
⑥文字列にそって、目で追いながら読む力

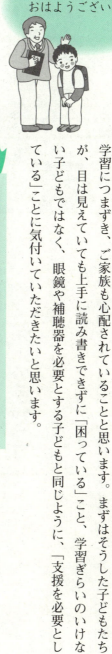

4 発達障害の仲間でしょうか？

そうです。それらの全体を見ておきたいと思います。

いくつか一緒に見られることもよくあります。

不注意優勢型（先生のお話を聞かずぼんやりしている、忘れ物が多いなど）と、**多動・衝動優勢型**（落ち着きなく動き回る、順番を待ててないなど）、その両方の**混合型**があります。

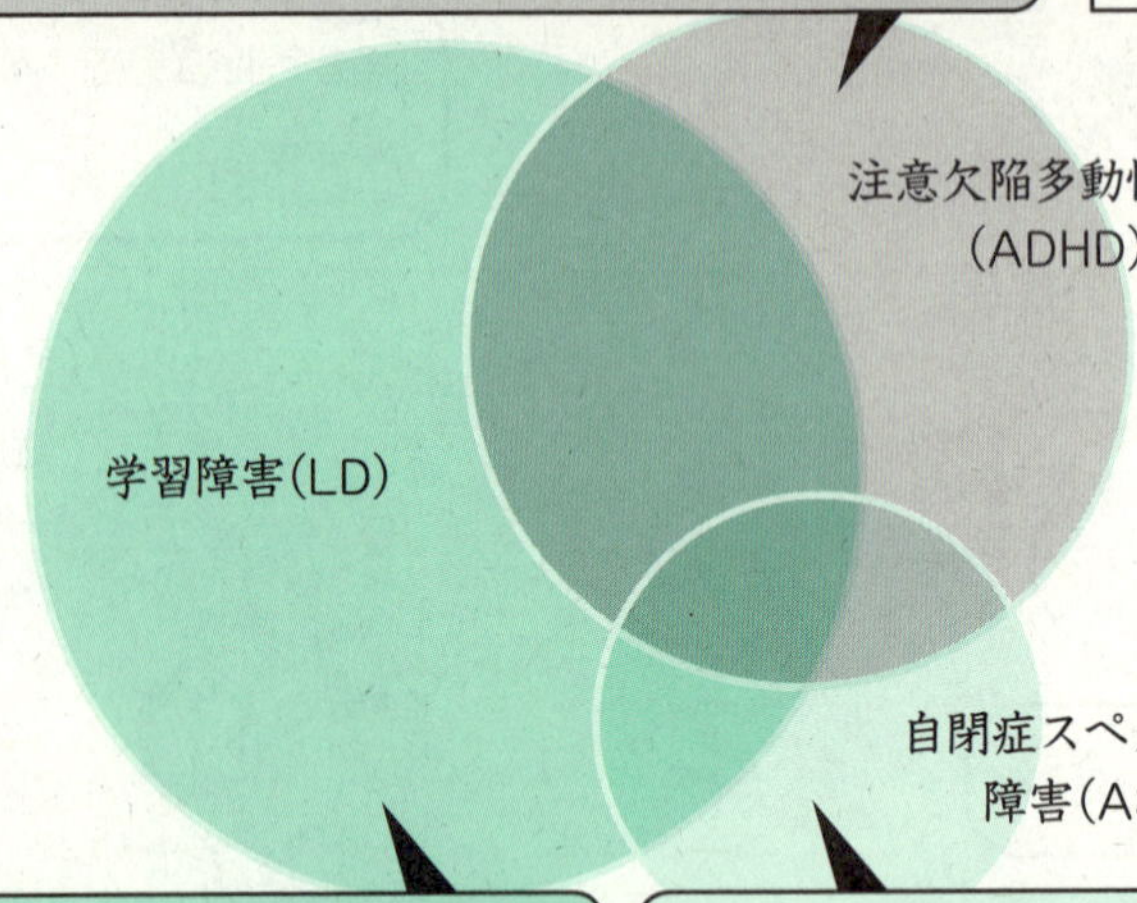

注意欠陥多動性障害
（ADHD）
学習障害（LD）
自閉症スペクトラム
障害（ASD）

会話や一般的なやりとりはできるのに、読み、書き、算数など、特定の領域で**学習の困難**を示します。発達性読み書き障害は、この学習障害の中の最も多いグループです。

良好な**対人関係**を作れず、順序や物事に**こだわり**が強い特徴があります。こだわりは、音や色・マーク、味覚などの過敏さにも表れ、チャイムや標識・特定のテレビ画面を怖がる子や、偏食の強い子もいます。

全てに共通するのは、生来（生まれつき）の特性であり、育て方によるものではないこと、一方、上手に支援することで、社会の枠組みになじむように導くことは可能であり必要であることです。

5 気付かれにくいのはなぜ？

ＡＤＨＤ、特に多動・衝動優勢型の子どもは、落ち着きなく動き回ったり、待てずに割り込んだりしゃべりだしたりします。ＡＳＤの子どもは、同じ道順にこだわったり、いつまでも換気扇を見ていたり、「これ君の？」と聞くと「君の」と答えるなど、やや皆と異なります。いずれも目立ってしまいます。目や手の不自由な子どもも、ちょっと見て分かりやすいです。

しかし、読み書き障害の子どもたちは、これらの子どもたちのように、目立つことがありません（目立つことができません）。授業中の教室で、やる気がないと誤解されたり、できなくて人知れず困ったりしている、ＳＯＳも出せずにいることが多いのです。

6 発見の手がかり

◆最初にあげた症状はありませんか？

これらはすべて発達性読み書き障害を疑う重要ポイントです。

◆授業中ぼんやりして、先生のお話を聞いてないことはありませんか？

ＡＤＨＤの注意力障害に発達性読み書き障害（＋αの学習障害）が重なり、指示の意味が分からず言われたとおりにできない場合があります。特に女の子の場合はおとなしい子と思われて見過ごされやすく、男の子の場合は、言われたとおりにしない（実はできない）、違うことをする（本人は何かしなくちゃと苦しまぎれの結果）からと、反抗的と勘違いされる場合もあるようです。

◆**授業中騒いだりちょっかいを出したり、関係のないことをしていませんか？**

これらはＡＤＨＤの多動・衝動優勢型や混合型の子どもによく見られます。行動面の症状が目立つために、読み書き障害を合わせ持っている場合も、「落ち着きがなく、おっちょこちょいだから」と思われがちです。また、読み書き障害があるために、学習が分からずなおさら騒ぐという場合もあります。

ＡＤＨＤとＬＤとの合併は、かなり多く見られます。中学年頃、多動が落ち着いてきて初めて読み書き障害がはっきりとしてくることもあります。学習の遅れが固定化しないよう、行動と学習の両面からの早期支援が望まれます。

7 支援に向けて　この本の使い方

では、こうした子どもたちは、どうしたら読み書きが上手になるでしょうか。私は、根性よりも、弱点を補う**上手なサポート**が鍵と考えています。

「ゆっくりよみかきトレーニング」は、小児科医の視点から、さまざまなサポート法を取り上げます。「ニーズでえらぶ進め方」（解説16ページ）を参考に、**そうした手助け＋あとちょっとの努力**でできそうなところから（ここが大事！）取り組んでください。それでも困難な場合は、読んであげる、読み上げの電子機器を使うなど、無理のないサポートをお願いします。

できないこと（例：読む）とは別の自分の力（例：聞く）でも、他人の力でも道具でもいいのです。できないときに、**代用できる方法を見つけ、使えるように訓練するのが支援の基本**と思います。

みなさんへのメッセージ

外来で文字カードを並べる子どもの真剣な姿、それを見つめるご家族のまなざし、できた時のみんなの笑顔は、すばらしいと思います。文字以前に、簡単な図形を書き写すこともできなかった子どもたちも、得意な力を使えるように助言することで、学習に取り組むことができました。「かるた」の絵札を、読めそうな5文字程度にしたり、文字カード選びも4人でするなら同じ文字のカードを4枚用意して、一番ではなくても遅い子も取れるようにしたり、ちょっとした工夫で子どもたちはできるようになります。どうかお試しください。

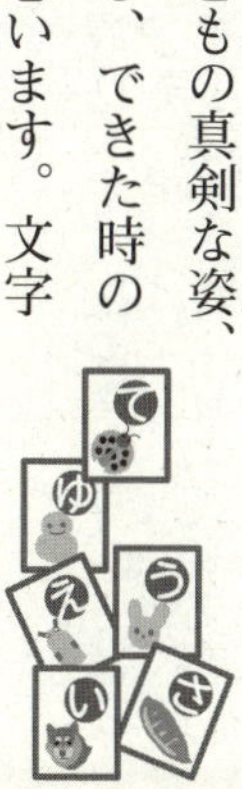

読み書きは、正しくすらすらとできるようになって初めて、理解や表現が可能になります。やりやすくその子の脳を活かせる方法で、学習が当たり前の習慣となること、「できた」という達成感がさらなる意欲へとつながることを願っております。

1 もじさがし　ことばづくり（P4〜9）

ひらがなは、音を表す文字であり、意味を表すことはできません。ですから、意味を表すには、つなげて言葉にする必要があります。ここでは、絵をヒントに、一つ一つの文字を、言葉に組み立てる練習をします。最初は分かりやすく、絵で描かれたものの名前から始めます。「えんそく」からは、何の場面かが分かる、イメージ力が試されます。様子から意味のある言葉を紡ぐための生活経験があって初めてできることです。言葉を身に付けるための、経験の大切さがご理解いただけると思います。

「かみなり」からは、文字が少し隠れだします。文字の一部から文字の全体を思い出すことで、確実に覚えているかが分かり、また確実に覚える訓練になります。

さらに、「おうえん」から後は、遠い近いを意識しながら視線を動かす練習が加わります。私たちは暮らしの中で、手元にある地図に目を落としたり、遠くにある看板や標識に視線を送ったりしています。そして、目に映る風景や文字の大きさから、距離を感じ取ることができます。このようなあたり前のことにも、訓練を必要とする子どもがいます。「おうえん」以後の、こうした練習は、大きさは違っても、地図やガイドと目に見える道路や街の中の文字を見て比べる力につながります。難しいときには、最初の文字を教えるなど、ヒントを出してあげてください。

2 かさなっている　もじさがし（P10〜15）

スーパーでは、特売品のポップ広告などに、太字の文字が一部重ねて書かれているのをよく見ます。1000円の0がお刺身のように重なりながら並んでいたりしますね。ネットやチラシにも、様々な書体がおどる今日、そうした文字をしっかり見分ける訓練をしておきたいと思います。こうした力は、できる子どもには簡単でも、目で見て形の意味を捉える心の目の力が弱い子には、隠し絵か文字化けのように見えて難しいものです。部屋の中で探している物を見つけたり、人混みの中で待っている人が分かったりする力、また、黒板や本やネットで大事な文字や見つけたい言葉を拾い出す力につながります。

最初のページは、ヒントの絵があります。次のページからはヒントの絵はなしで、心の目の力だけで読みます。隠れている部分が分かる、自分の力が問われます。なお、この「かさなっているもじ」は、パソコンのワードアートを使うと、いろいろなパターンや難易度で作ることができます。

3 えらんで　かく　にている　もじ（P16〜21）

日本語は、英語と異なり文字がたくさんあります。大人にはなんでもない文字が、子どもには難しく感じられるはずです。似ている文字を見比べ、違いに気付きながら覚えることで、形の記憶を確実にしたいところです。このとき、「こま」の「こ」というように、①必ず意味のある言葉の中で練習すること、②正しい書き順で書くこと、を守ってください。外国人は、「う」の点を後から打つことがあります。「i」や「j」の点を、後から打つ習慣によるものと思います。正しい書き順を守ることは、今後画数の多い漢字を学ぶ上で重要な習慣になります。正しい文字と間違った文字（たとえば「ほ」の右側が「ま」になっている、回り方が逆など）を書いて、正しい方を選ばせるというやり方は避けた方がよいです。こころの目の力の弱い子どもは、かえって混乱します。

めの　れんしゅう　①（P22～23）

「めの　れんしゅう」では、目を動かしたり、注意して目指すものを見つけたり、形を見分けたり書いたりする練習をします。一見、読み書きとは関係ないと思われるかもしれませんが、実は、こうした練習が、すらすらと文章を読みこなす、あるいは文字を正確に書くための基礎訓練になります。

目が見えるのみならず、靴の左右や文字の上下が分かったり、大きさが違ってもお揃いの服と分かったり、こうした自分の経験と照らし合わせて判断できる「心の目の力」を、「視覚認知」と言います。読み書きに苦労する子どもは、この力が弱いことがあり、周りが気付いて、上手に目の練習を積ませることが必要です。ここでも、上手な音読と正しい書字のために、心の目の訓練に取り組みます。

最初の①「さがして　○で　かこみましょう」では、主に心の目の見分ける力と、注意力の、他の形に惑わされることなく対象を選び出す力、集中して粘り強く続ける力が試されます。

4 おもいだして　かく　いろいろな　もじ（P24～25）

今度は、文字全体の手本がありません。これまでよりもだいぶ難しくなります。文字の書き終わりよりも書き始めが隠れている方が、難しく感じられるはずです。どっちに回るか、線は何本かなど、細かいところも正しく、そして全体のバランスにも注意して練習しましょう。ここでつまずく時は、前巻「ゆっくりこくごプリント」の「みてかく」などで練習してください。

5 「゛」の　つく　もじ（P26～33）

濁音という仲間の文字ですが、子どもには「にごる音」と言っても分かりにくいようです。なじみのある言葉の中で覚えていきたいと思います。身に付けたいことは、①「゛」を打つ場所、②「゛」の書き順と向き、③「゛」の付かない文字と付く文字を対応して読み分けることです。日本語には、「つき」→「みかづき」、「とけい」→「はとどけい」「うでどけい」、「くつ」→「ながぐつ」、「かみ」→「おりがみ」「てがみ」など、上に付く言葉により濁る音、「3ぼん」「3びき」「3がい」のように、数え方で濁る場合がたくさんあります。これらも、暮らしの中で教えていただきたいと思います。また、子どもの中には、この濁音を上手に発音できないために、「おめれとう」のように話す子や、逆に「ライオン」を「だいおん」のように話す子がいます。心配なようでしたら、言語聴覚士（ST）のいる専門の医療機関にご相談ください。

6 「。」の　つく　もじ（P34〜35）

「ぱぴぷぺぽ」の5文字です。ここでも、①「。」を打つ場所、②「。」の回し方、③「。」の付かない文字と付く文字を対応して読み分けることを身に付けたいと思います。パイン、プリンのように、いずれカタカナで書く文字も、まずはひらがなで覚えておきましょう。「ぱかぱか」などの様子を表す言葉は、見聞きした経験がないとなかなか理解できません。この機会に、分からない言葉は、是非見聞きする経験をさせていただきたいと思います。「1ぱい」「1ぴき」「1ぽん」、時計を学び始めたら「1ぷん」などの数え方も、身に付けたいところです。

めの　れんしゅう ②（P36〜37）

1列め、2列め、3列めと、選ぶものを変える問題は、注意を切り替える力の練習です。暮らしの中では例えば、いつものスーパーで買うつもりだった物がなかったり、約束していた友達が都合で遊べなくなったり、せっかく勉強しているときに電話がなったり、思い通りにはいかないのが普通です。そんなときに、パッと「それでは…」と違う行動のスイッチを入れる力は、かなり重要であると思います。これができないと、ゲームなどに集中しすぎて、本当はもっと優先するべきことに移れないということが起きます。

二つ選ぶ問題は、注意力の二つのことを一緒に行う力を試します。私たちは、洗濯をしながら掃除をしたり、地図を見ながら街を歩いたりしますが、掃除の最中に洗濯機が止まるかもしれないし、街を歩いているときに信号が赤になるかもしれません。こうした時、優先度を判断しバランスよく注意を振り分ける必要があります。学習も内容の高度化に伴い、応用問題ではいくつかの条件を見落とすことなく処理する力が求められます。二つ選びは、その初歩的な訓練になります。

7 「ん」の　つく　ことば（P38〜41）

「ん」（撥音）は、「めろん」「れもん」のように、最後にくる方が分かりやすいようです。「りんご」のように真ん中にくるとやや難しく、「さくらんぼ」のように長い言葉の後ろの方にくると、さらに難しくなります。ゆっくり言いながら、気が付けるようにしましょう。できればここで「ん」の文字を正しく書けるように教えてください。というのは、「ん」という文字は、最初の線をいったん止まってほとんど逆方向にもどって書くことになります。すべてのひらがなの中で、もっとも急なとがった角度を作る必要があるのです。

この、急なとがった角度を作ることは、子どもにとって大変難しいことです。○よりも□、それよりも◇を描くのが難しいのはそのためです。「ん」が「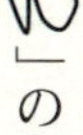」のようになったり、「ろ」を裏返して少し回したようになったり（）、角が開いてたらんと右肩下がりになったりするのは、急なとがった角度を作る方向回転の困難によります。「ひ」や「ね」「れ」「わ」も最初は開いてしまう子が少なくありません。できない場合は、無理をする必要はありませんが、鉛筆でVの形を描く練習をして、次第にとがった形を作れるようにする、手を添えてあげるなどして、ここでできるだけ正しい形を書けるように練習してください。

8 ちいさい「っ」の つく ことば（P42～47）

促音と言われますが、分かりやすく「つまることば」としました。促音の難しさは、言葉のつぶ（モーラ）にはなるけれども、音にならないところにあります。たとえば、「き・っ・ぷ」は、「ぶ・ど・う」と同様、三つのつぶに分けられます。しかし、真ん中の「っ」は、「ぶどう」の「ど」のように、音にはなりません。つまり、楽譜での休符の役割を果たしているのです。この理解がないと、なかなか正しく使えるようになりません。「おもった」を「おもた」と書くのも自然なことです。促音の理解のためには、「き・っ・ぷ」、「き・っ・て」と、手をたたきながら言ってみて、たたくけれどもだまっているところは「っ」になるというように、体や音を使って教えるのが効果的です。文字カードを用意し、教える方がゆっくり「き」「(っ)」「ぷ」と一つぶずつ手やカスタネットをたたきながら発音してからカードを選んで並べさせる、子どもが並べるのに合わせて一つぶごとに手をたたいてあげるなどの方法で援助してください。「き・っ・て」と「き・て」を、一つぶずつ手をたたきながら発音し、「小さい『っ』が付くのはどっち？」などと聞いてみるのもよいでしょう。「もっと」「まって」「おっと」などいろいろな言葉を、手をたたきながら言ってみて練習してください。小さい「っ」をマスの右上におさめるのも、大切なポイントです。

9 おわった いいかた（P48～49）

「ん」の付くことば、「っ」の付くことばの復習をかねて、終わった言い方を練習します。他の言葉でも問題を出してあげて、たくさん練習してください。

めの れんしゅう ③（P50～51）

複数の条件に合う男の子やバスを見つける課題は、これまであげた要素の総合問題です。条件を理解し記憶に留め置く、言葉の力も使います。

10 ちいさい「や」「ゆ」「よ」の つく ことば（P52～63）

拗音という仲間の音で、「ねじれる音」と言われますが、子どもにはねじれると言っても分かりにくいので、小さい「ゃ」「ゅ」「ょ」

の付くことばとします。拗音の難しさは、「っ」とは逆に、ひとつの音のつぶを二文字で書くところにあります。「き・きゅ・う」も「か・い・しゃ」もつぶは三つですが4文字になります。この理解が難しいところです。「き」「し」「ち」などと、小さい「ゃ」「ゅ」「ょ」のカードを用意し、いろいろな組み合わせで並べて読み方を教える、読ませてみるなどすると、この音の一つぶが2文字というルールが分かりやすくなります。最初は「きゃ・きゅ・きょ」など仲間ごとに発音し、続いてバラバラに発音してカードを並べさせる練習などもよいと思います。こういう音は音の一つぶを2文字で書くということが、あたり前のこととして身に付いた時、初めて正しく書けるようになります。

小さい「ゃ」「ゅ」「ょ」をマスの右上におさめることも、最初から正しく覚えたいところです。「さんびゃく」「ろっぴゃく」などは、難しい子も多いと思います。できない時は無理をすることなく、とばして後回しにしても構いません。

11 ちいさい「ゃ」「ゅ」「ょ」と「っ」の つく ことば (P64〜65)

最も難しい表現の仲間になります。音の一つぶを2文字で書き、その後に音のないつぶが続くからです。ここも、教えてもなかなか分からない場合は、無理をせずその子の時期を待ってよいと思います。できれば、「ちょっと」などなじみのあるどれか一つだけでも、ルールが分からなくても、まとまりとして読める様にしておきたいところです。

めの れんしゅう ④ (P66〜67)

果物や虫の仲間選びは、まとめた物の概念を問うことで、言葉の意味理解の力が問われます。選び出す注意力も必要です。

12 のばす おと「い」「う」「お」(P68〜71)

のばす音の難しさは、書き方と読み方がずれる場合とずれない場合があるところにあります。

	書き方	読み方	文字の発音	掲載ページ
①	ちいさい	チーサイ	い→イ	68
②	せいと	セート	い→エ	68
③	おねえさん	オネーサン	え→エ	68
④	ゆうびん	ユービン	う→ウ	69
⑤	おうじ	オージ	う→オ	69〜70
⑥	こおり	コーリ	お→オ	71

「い」と書いてのばす音（①②）については、前の文字（①ち、②せ）をのばした音で発音することになります。しかし、書く時には、「せいと」を、つい「せえと」と書きやすいのです。「え」と書いてのばす音（③）は、「おねえさん」だけと覚えるといいと思います。68ページ上段は①「い→イ」の仲間、下段は②「い→エ」の仲間と③です。

「う」については、まず69ページで④「う」と書いて「ウ」と発音する場合を練習します。（ゆうひ・すうじなど）

最も難しいのは、「オ」と発音する「う」（⑤おうじ型）と「お」（⑥こおり型）の書き分けです。69ページ下段から⑤おうじ型、71ページ上段で⑥こおり型を練習し、71ページ下段で書き分けを確認します。カードを使って最初は、[お]・[う]・[じ]など「う」と書く仲間、次に、[こ]・[お]・[り]など「お」と書く仲間とまとめて練習し、その後、バラバラに問題を出して練習するとよいと思います。

13 つなぐ　もじ「…は」「…へ」「…を」（P72〜75）

つなぐ文字の使い方の基本を学びます。「…は」「…へ」の特殊な使い方・読み方と、「…を」の使い方だけをしっかり学べるように、文全体を書く課題はありません。つなぐ文字を正しく書けること、そしてつなぐ文字の入っている文を正しく読んで理解することが目標です。

めの　れんしゅう　⑤（P76〜77）

目と手の共同作業で、具体物を描きます。途中で「○○○かな？」と、気付ける力は、部分から全体をイメージする心の目の力であり、文字を構成する力にも通じます。

なお、①から⑤までの「めの　れんしゅう」で、紙面のどちらか片側の課題を見落とし、やり残してしまう場合（左側の場合が多いです）は、専門の医療機関にご相談ください。

14 よむ　れんしゅう（P78〜95）

仕上げは、読む練習です。このプリントの最初で、目や耳、口に問題はないのに、文字や文章を上手に読み書きできない、発達性読み書き障害についてお伝えしました。一部繰り返しになりますが、よく見られる症状を挙げます。

- **「さ」「ち」「き」など、似ている文字を読み間違える（文字の混同）**
- **「プラネタリウム」を「プラモデル」など、似た音を読み間違える（音の混同）**
- **「エレベーター」を「エベレーター」など、順番が変わる（位置の混同）**
- **文字を、一つ一つ拾って読む（逐字読み）**
- **文字や行を飛ばす（飛ばし読み）**

- 「そらとぶりゅうのこ」を「そらと　ぶりゅう　のこ」など、まとまりが分からず、単語の途中で区切る（チャンキング：単語抽出・まとめ方・の困難）
- 「やまへいった。」を「やまへかえりました。」など、単語や文末を適当に変える（勝手読み）

このような子どもの場合、心の目の力が弱かったり、言葉の意味を捉えられなかったり、注意力や、視線を滑らかに動かす力が弱かったりする場合もあります。ですから、ただ何度も音読の練習をすれば、できるようになるものではありません。

音読のサポート法としては、英語文のように単語の間にスペースを入れる分かち書きにする、行間を広く打ってあげる、文章を拡大コピーする、言葉のまとまりを「そらとぶ／りゅうのこ」のように、／で区切って分かりやすくする、部分ごとに読んであげてから自分で読ませる（追い読み）、ゆっくり一緒に読み進む（連れ読み）、部分ごとに代わる代わる読む（交互読み）などがあります。次の行に、色の付いた透明な下敷きや厚紙を載せて、今読む行を分かりやすくする方法もあります。印刷物を読むため専用の、ガイドライン付きの透明カラー定規も市販されています。この時、自閉傾向のある子どもは、赤や緑などの原色をいやがることがありますので、薄い色か無色透明あるいは白色紙で、子どもに合わせてお試しください。

この章では、まず、視線を縦に動かし、文字と文字で意味のある言葉を作る練習から始めます。縦書きの文章を読むための、視線の動きの基礎訓練です。続いて段階的に、文字列から意味のある単語「内容語」を捉えるチャンキング（単語抽出・まとめ方・）の練習へと進みます。読みの力の弱い子どもは、「なにしろぬるぬるとすべりぬけるので」などと、ひらがなが長く続くと、単語のまとまりを捉えられず、しどろもどろになりやすいのです。こうした子どもには、「内容語」をパッと拾い上げる練習を勧めます。

92ページを例に説明します。

みんな で いちご を たべました。

ここで、みんな　いちご　たべました。は、意味のある言葉「内容語」で、それ以外の「で」「を」は、文を構成するために置かれ、「機能語」と呼びます。最初は、分かち書きで意味を捉えやすくして読みます。次にキーワードとなる「内容語」を読んで書くことで、しっかりと意識付けします。続いて、スペースのない同じ文を、「内容語」を拾い上げ理解しながら読む練習へとステップアップします。こうした訓練を繰り返し積むことにより、ボリュームのある文章も、おっくうに感じることなく上手に読み、意味や文脈をつかむ力を目指したいと思います。その意味で、この「よむ　れんしゅう」は、視線の操作を含め、これまで取り組んできた様々な「心の目の力」と「注意力」、そして「言葉の力」を使いながらの総合訓練になります。

ただ、気を付けていただきたいのは、一度にたくさんやらせないことです。読み書き障害の子どもたちは、読むことがとても困難でおっくうであり、また読むことで疲れるのです。短い文から少しずつの方法で、サポートしていただきたいと思います。そしてもう一つ、読める文字を正しく書く練習は、読みの力を育てる上でも大切な訓練です。また、漢字の学習が始まると、意味やまとまりを捉えやすくなり、かえって楽に読めるようになる子もいます。

音読はできるのに内容の理解が困難な場合は、少し問題の性質が異なりますので、専門の医療機関でご相談ください。このような場合は、ご家庭でのサポート法としては、短く内容がシンプルな絵本をくり返し読んであげる、あらすじが分かりやすいように、同じ絵柄のビデオと両方見せるなどもお試しください。

サポートしてくださったご家族、先生方に、心から感謝いたします。

参考文献

平岩幹男（総編集）：「データで読み解く発達障害」（中山書店2016）

平岩幹男：発達障害の理解と対応／未就学児編 ―自閉症を中心に― DVD（ジャパンライム社　2017）

平岩幹男：発達障害の理解と対応／学童期～思春期～青年期編 ―自立をめざす― DVD（ジャパンライム社　2017）

文部科学省初等中等教育局支援教育課：「通常の学級に在籍する発達障害の可能性のある特別な教育的支援を必要とする児童生徒に関する調査結果について」（2012・12・5）

坂爪一幸：「特別支援教育に力を発揮する神経心理学入門」（学研 2011）

武田洋子：「小児科医がつくったゆっくりさんすうプリント」（小学館 2007）

武田洋子：「小児科医がつくったゆっくりこくごプリント」（小学館 2015）

◆ニーズでえらぶ 進め方◆

	文字を読む　単語作り	文字を見分ける　書き分ける	「ぶどう」「ぴあの」のなかま	「めろん」「きっぷ」のなかま	「ききゅう」「ちょっと」のなかま	「おうじ」「こおり」などのなかま	文を読む　上手に音読
❶ もじさがし　ことばづくり　(P4)							
❷ かさなっている　もじさがし　(P10)							
❸ えらんで　かく　にている　もじ　(P16)							
❹ おもいだして　かく　いろいろな　もじ　(P24)							
❺「゛」の　つく　もじ　(P26)							
❻「゜」の　つく　もじ　(P34)							
❼「ん」の　つく　ことば　(P38)							
❽ ちいさい　「っ」の　つく　ことば　(P42)							
❾ おわった　いいかた　(P48)							
❿ ちいさい　「ゃ」「ゅ」「ょ」の　つく　ことば　(P52)							
⓫ ちいさい　「ゃ」「ゅ」「ょ」と「っ」の　つく　ことば　(P64)							
⓬ のばす　おと「い」「う」「お」(P68)							
⓭ つなぐ　もじ「…は」「…へ」「…を」(P72)							
⓮ よむ　れんしゅう　(P78)							
めの　れんしゅう ①～⑤ (P22,36,50,66,76)							

・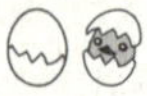 でつまずくときは、姉妹編「ゆっくりこくごプリント」で復習してください。
・先取りで進む場合や学校の授業にほぼついていける場合、帰国子女、海外からの子女は、単元順に進めてください。
・遅れた子の復習には❶❷❸❹で基礎固めをして、あとはつまずいているところを重点的に取り組んでください。
・音読の力をつけたい場合は、めのれんしゅう① ② →⓮の83ページまで→⓭→⓮のつづきの順で進めてください。

ぶどう・きっぷ・ちょうちょうなど
音読と書字のための視覚トレーニング

発達障害・ひらがなが苦手・どの子も伸ばす

ゆっくりよみかき トレーニング

武田 洋子 著
平岩 幹男 監修

小学館

発達障害・ひらがなが苦手・どの子も伸ばす

ゆっくり　よみかき　トレーニング

ぶどう・きっぷ・ちょうちょうなど
音読と書字のための視覚トレーニング

もくじ

1 もじさがし　ことばづくり

もじを　ならべて　ことばを
つくりましょう。

ことば

ことば

もじを　ならべて　ことばを
つくりましょう。

ことば

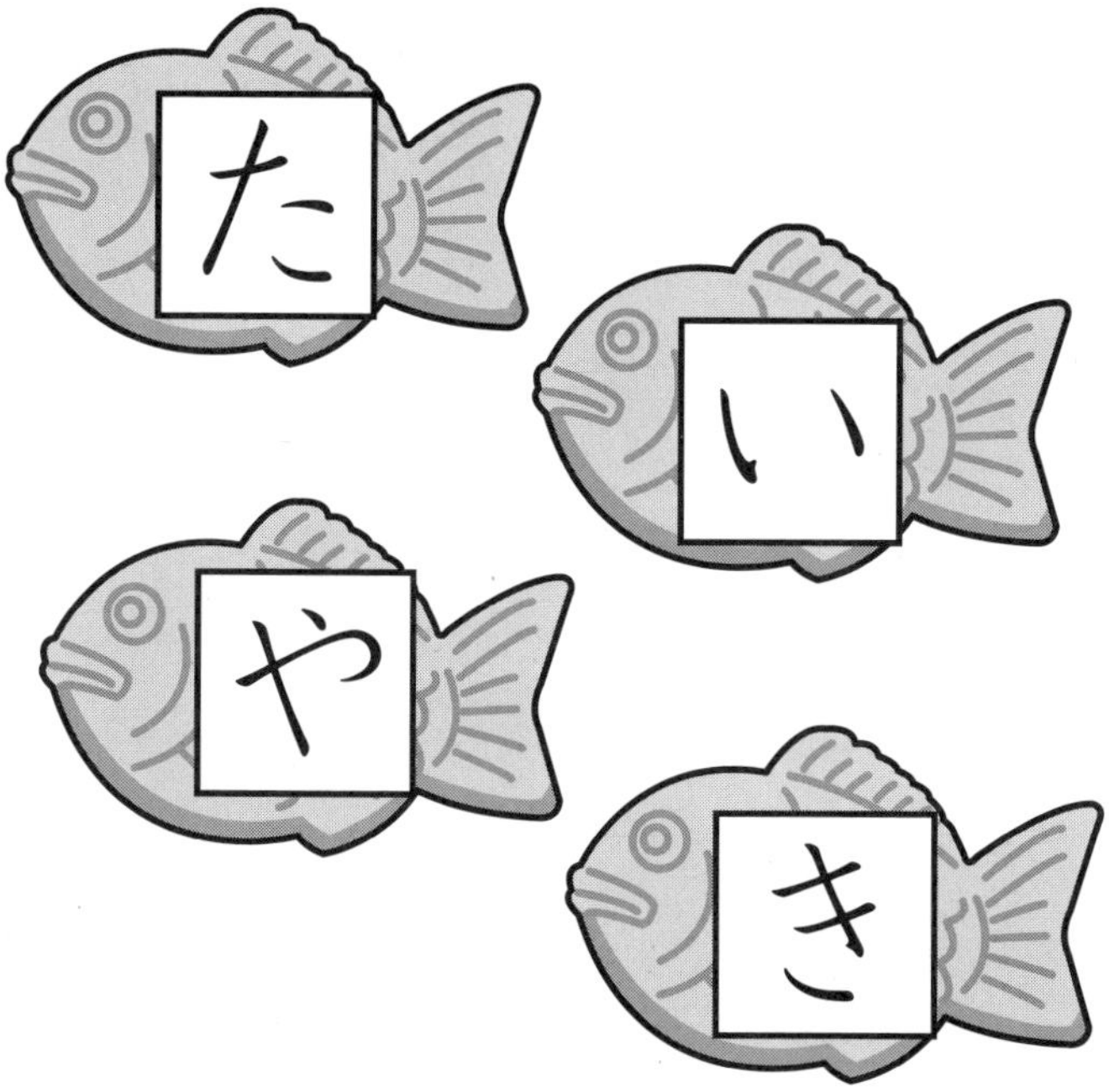

ことば

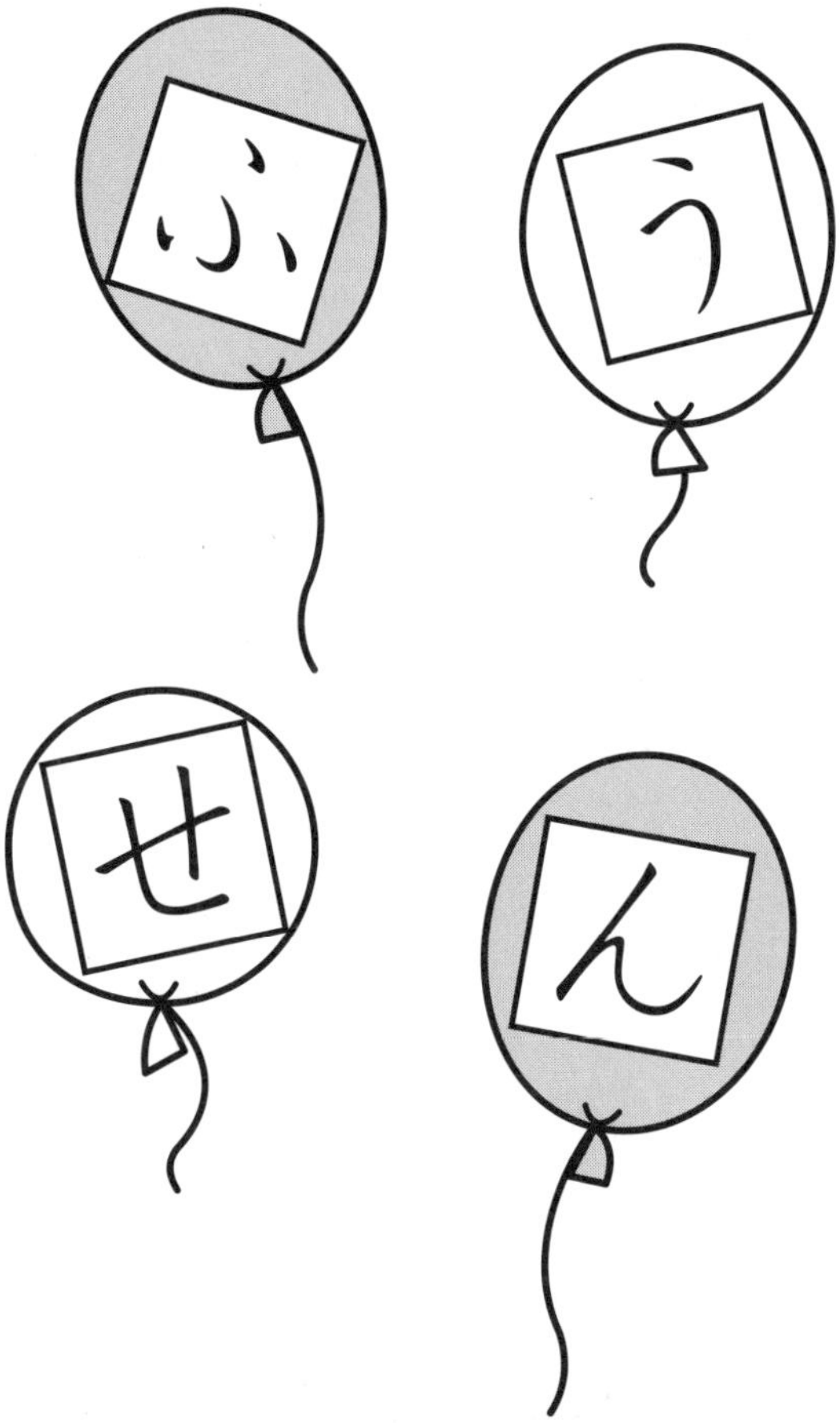

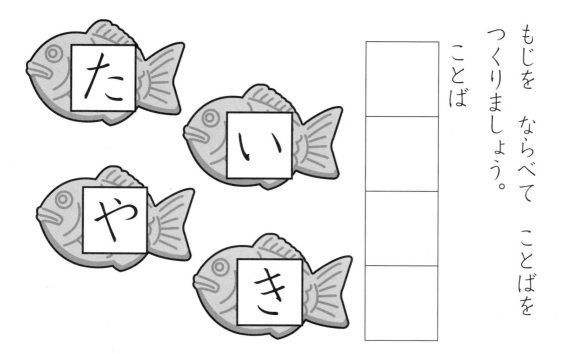

もじを　ならべて　ことばを
つくりましょう。

ことば

ことば

かくれている　もじを　ならべて
ことばを　つくりましょう。

ことば

ことば

とおくから　じゅんに　もじを
みつけて　ことばを　つくりましょう。

ことば

ことば

とおくから　じゅんに　もじを
みつけて　ことばを　つくりましょう。

ことば

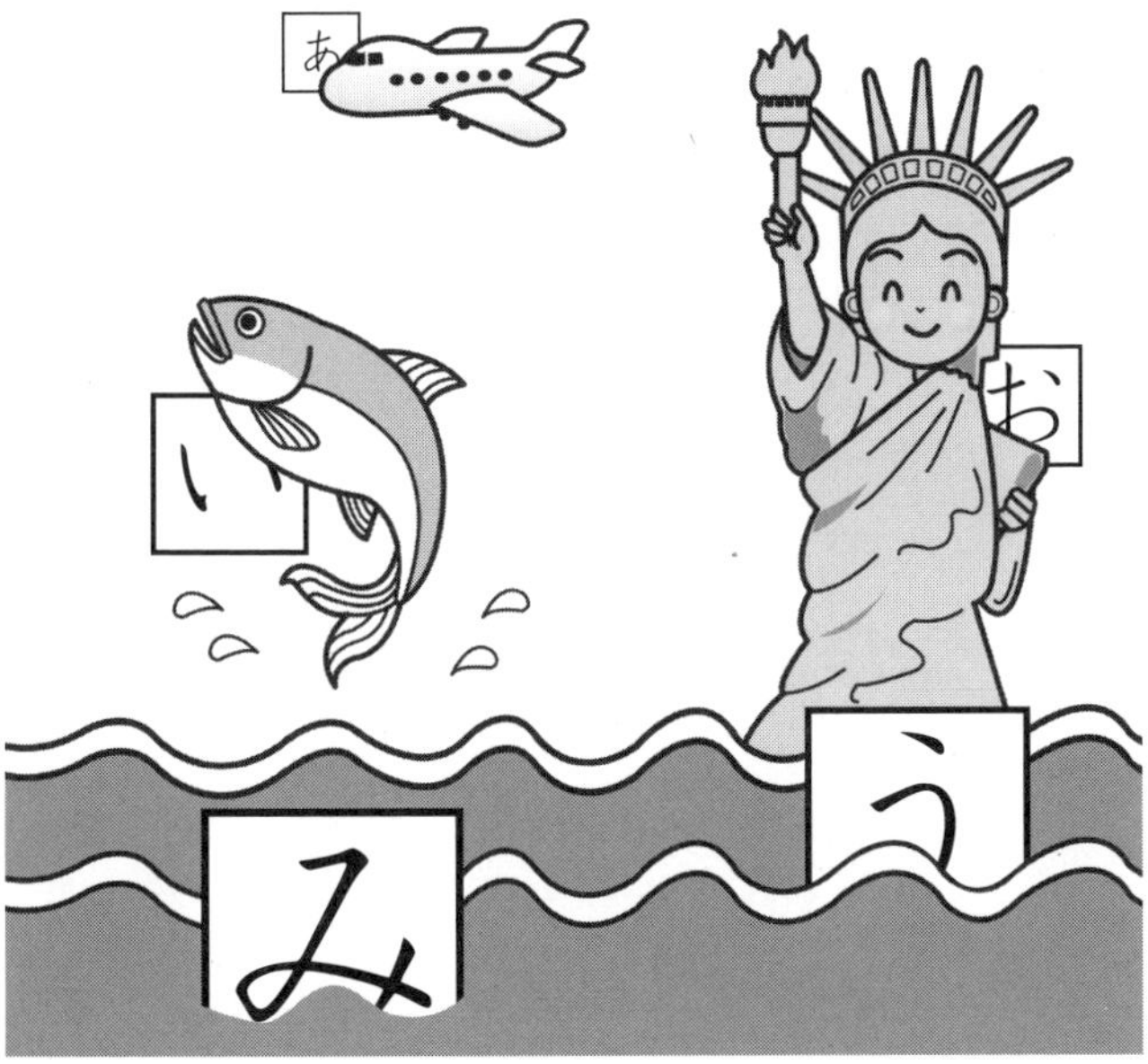

ことば

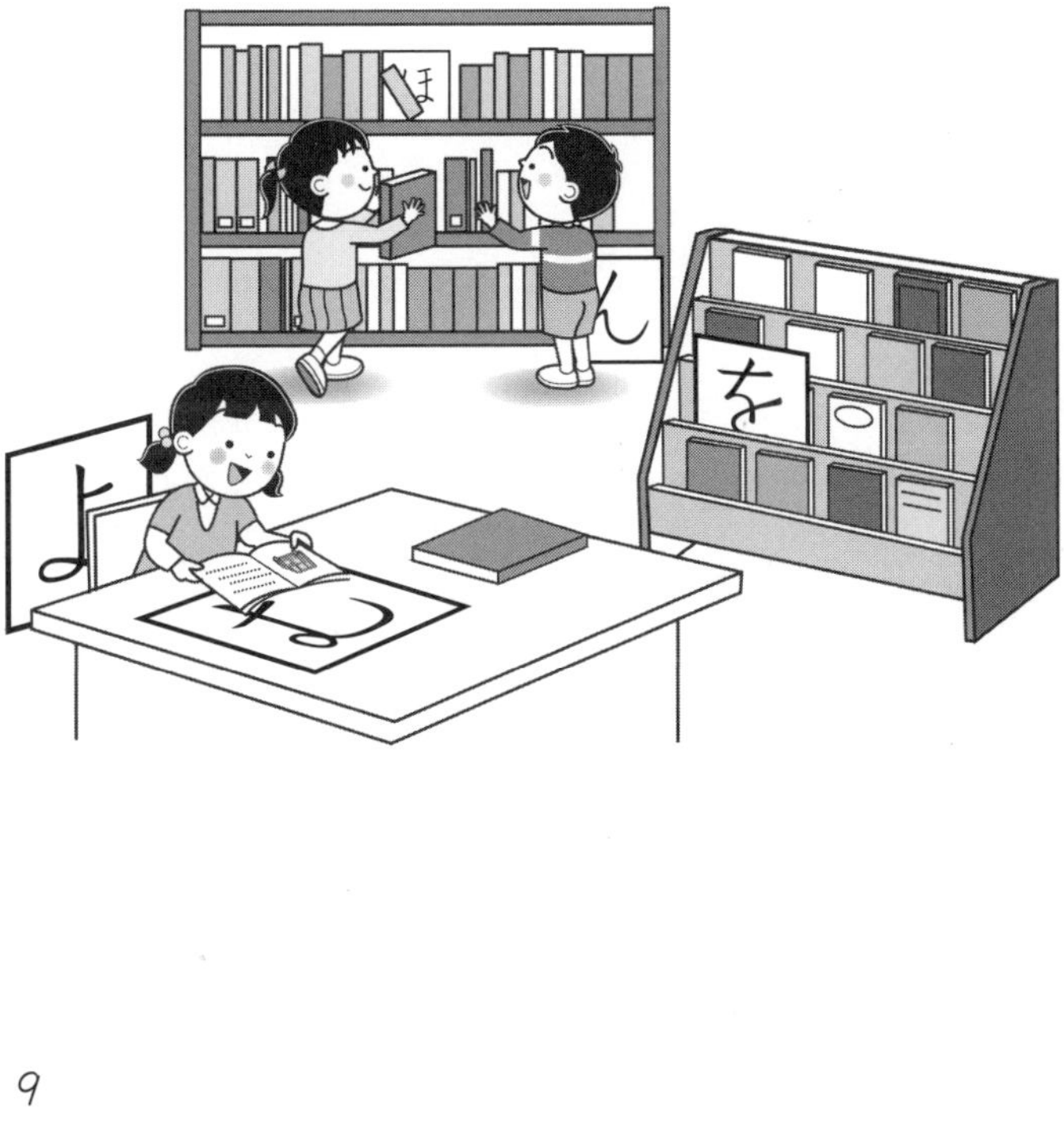

2 かさなっている　もじさがし

ことば

ことば

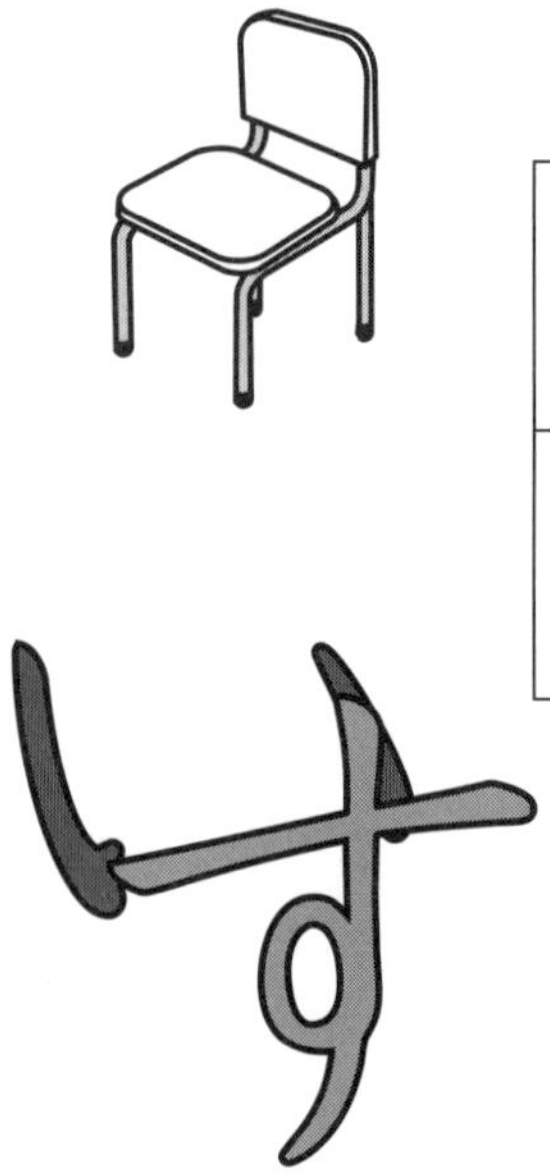

ことば

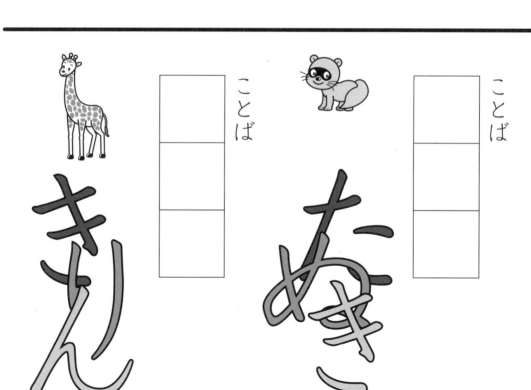

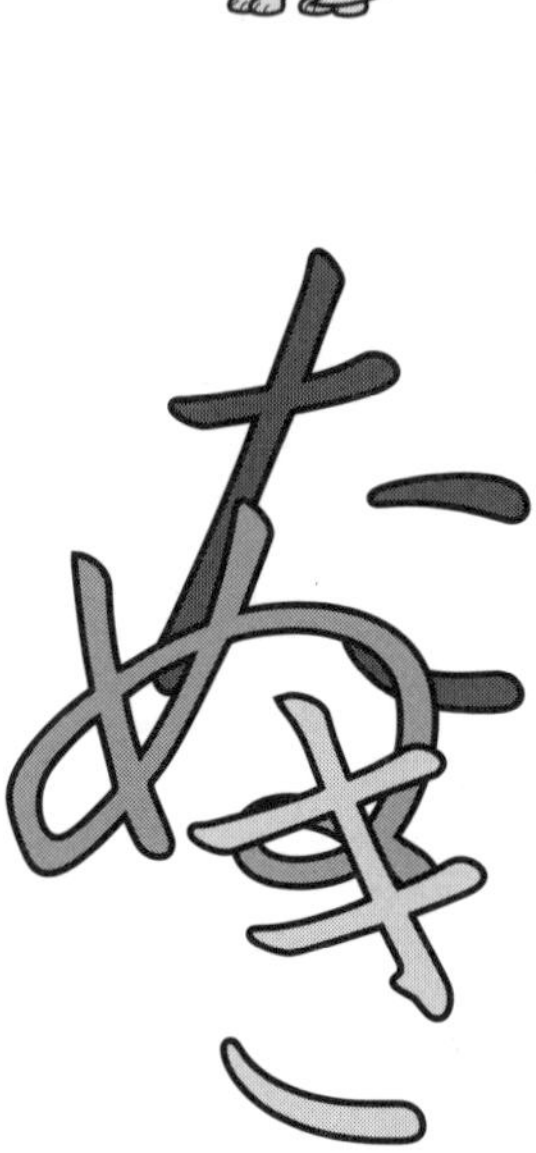

ことば

ことば

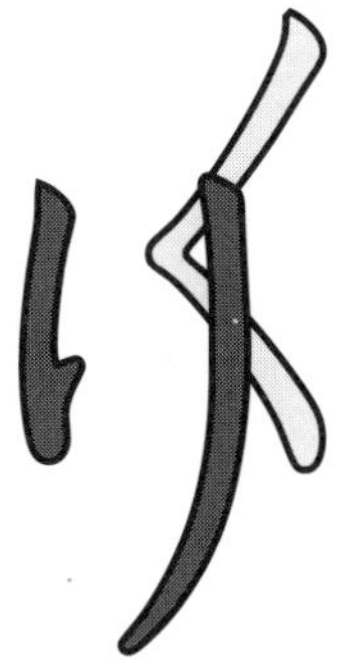

ことば

ことば

ことば

ことば

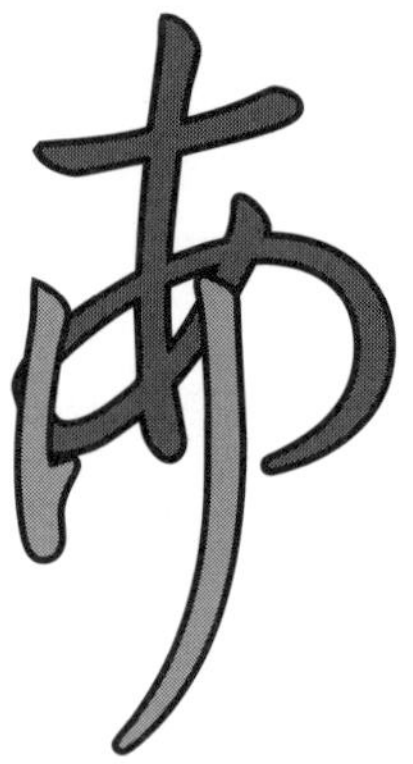

ことば

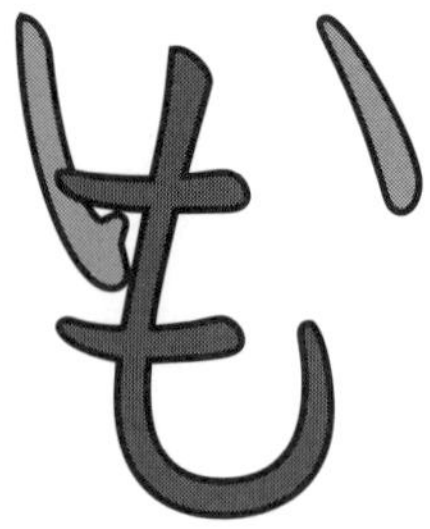

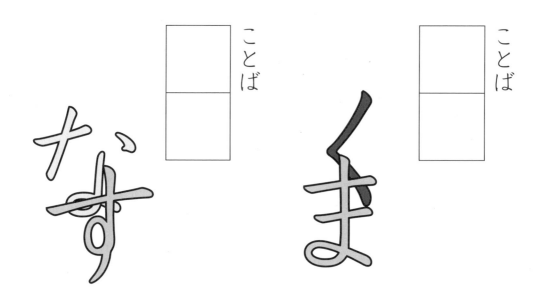

ことば

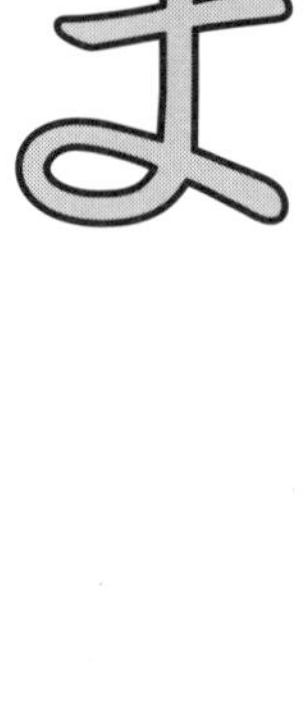

ことば

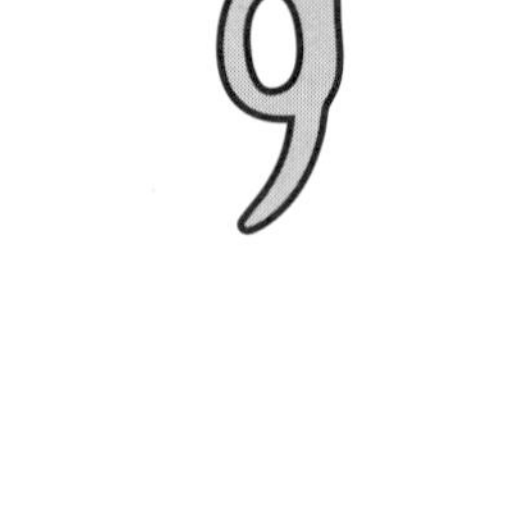

ことば

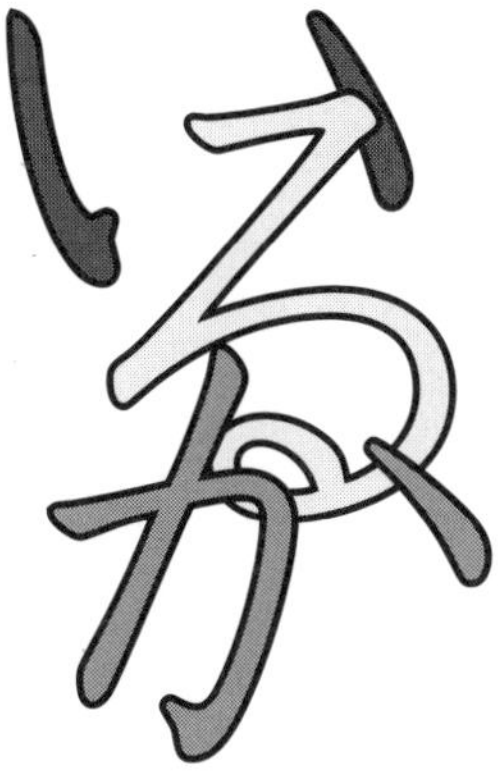

ことば

ことば

ことば

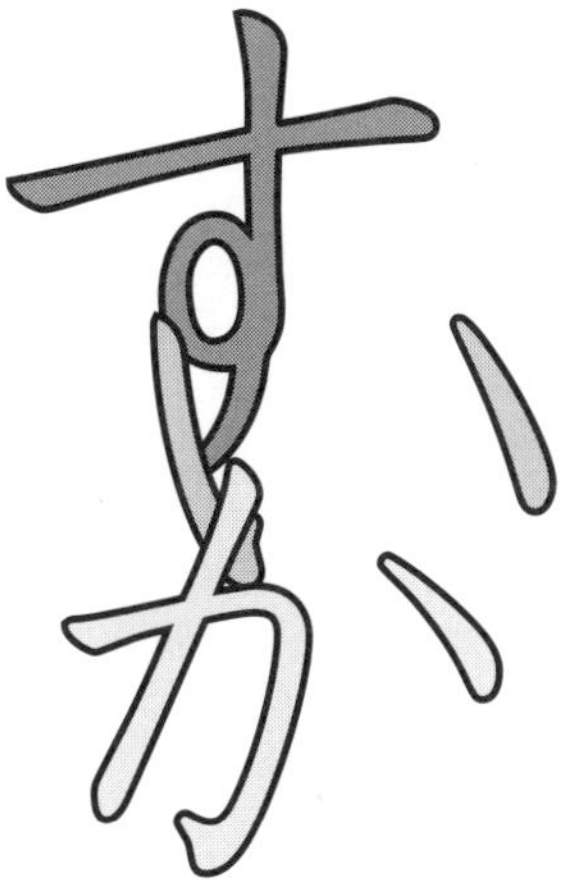

ことば

ねこ

ことば

りす

ことば

れもん

ことば

とけい

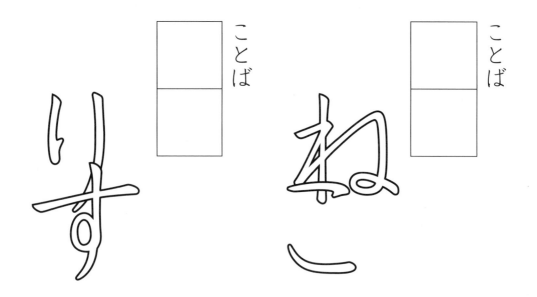

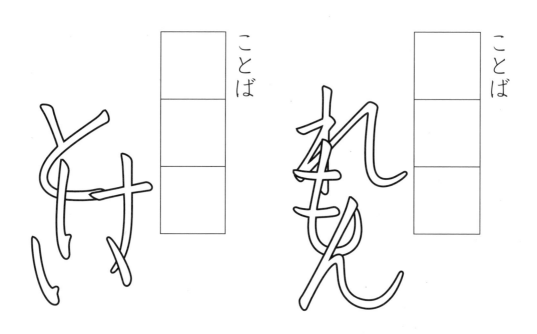

ことば

ことば

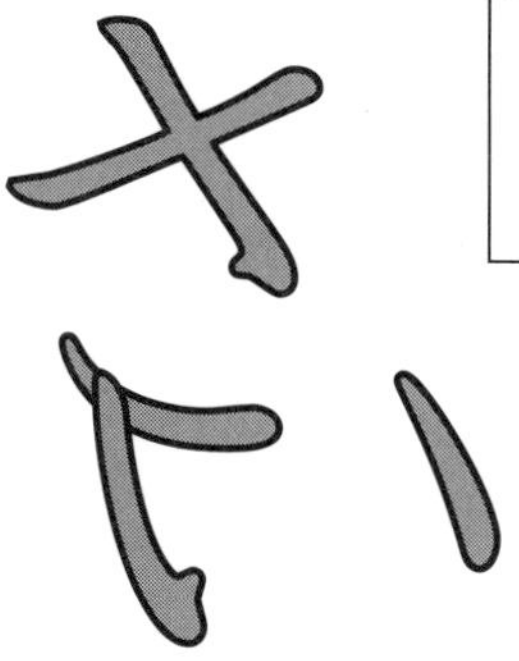

ことば

ことば

3 えらんで　かく　にている　もじ

うえの　□から　もじを　えらんで　かきましょう。
できたら　れんしゅうしましょう。

てほん（なぞりましょう。）

こ・い

こ
ま

い
す

い・り

あ

さ

や・つ

ま

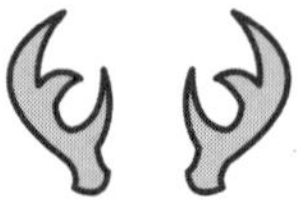

の

も・し

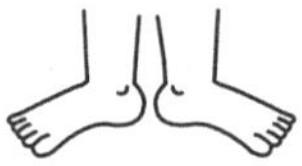

あ

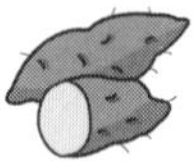

い

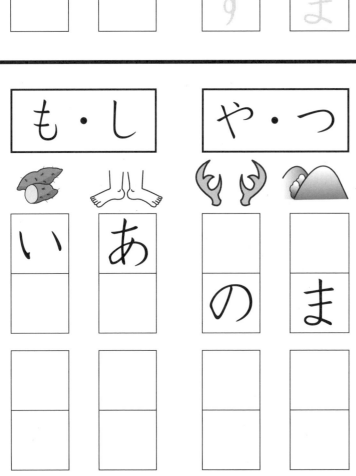

うえの　□から　もじを　えらんで
かきましょう。
できたら　れんしゅうしましょう。

に・こ

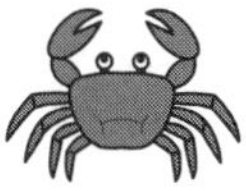

か□

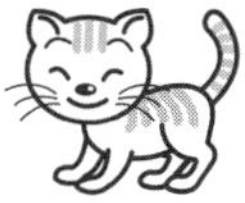

ね□

と・て

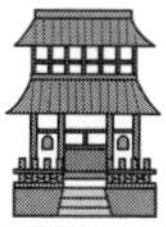

□ら

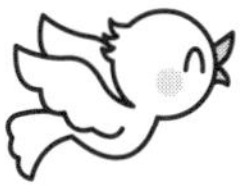

□り

き・さ

か□

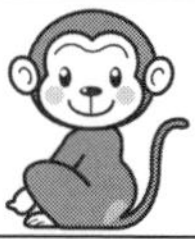

□る

に・た

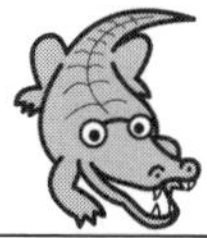

わ□

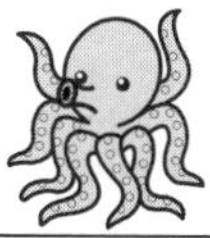

□こ

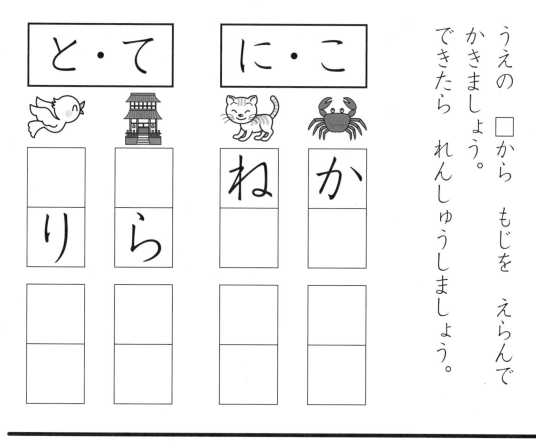

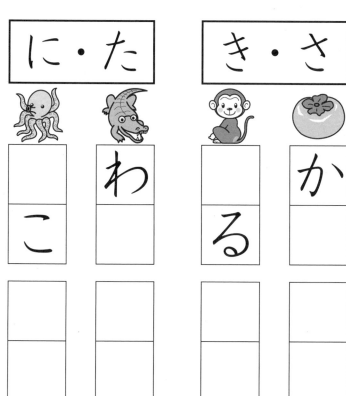

うえの□から　もじを　えらんで
かきましょう。
できたら　れんしゅうしましょう。

ら・う

と

し

ち・さ

は

か

る・ろ

つ

ふ

ふ・う

ま

た

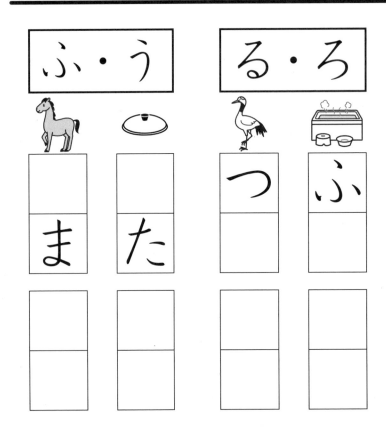

うえの □から もじを えらんで
かきましょう。
できたら れんしゅうしましょう。

お・あ

ぬ・め

□に

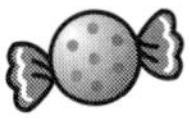
□め

い□

か□

ま・よ

は・な

□る

□む

□す

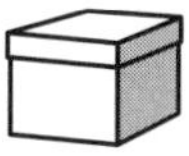
□こ

うえの □から もじを えらんで
かきましょう。
できたら れんしゅうしましょう。

き・さ・ち

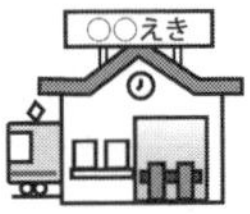

え

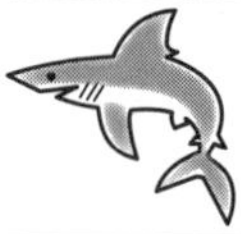

め

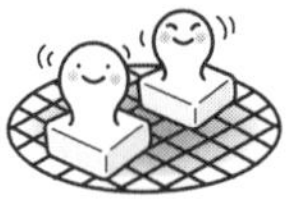

も

ぬ・め・あ

りえ

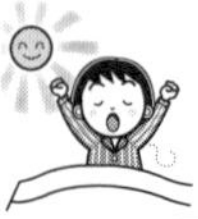

さ

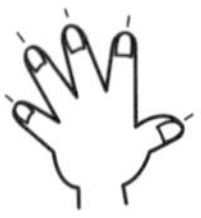

つ

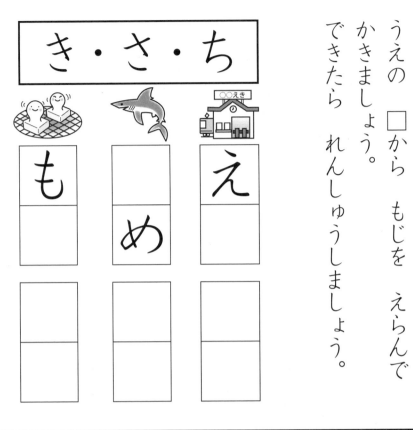

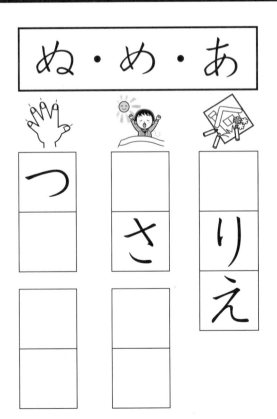

うえの □から もじを えらんで
かきましょう。
できたら れんしゅうしましょう。

れ・ね・わ

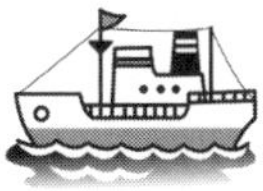
ふ

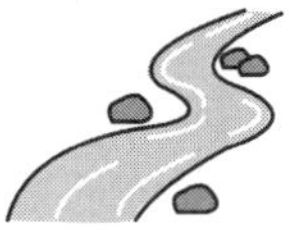
か

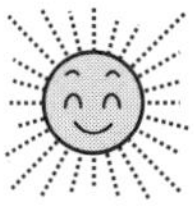
は

ま・ほ・は

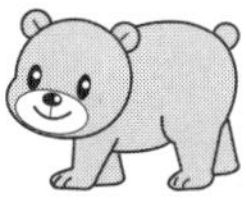
く

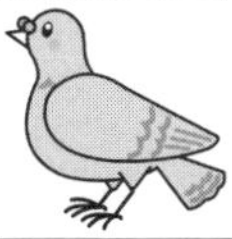
と

し

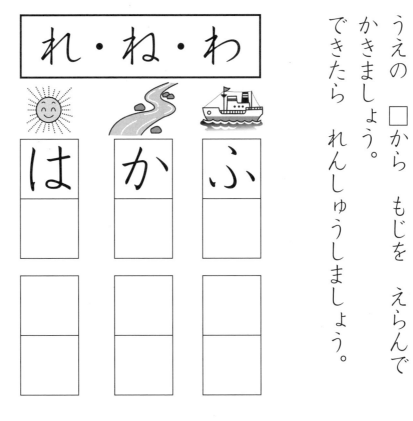

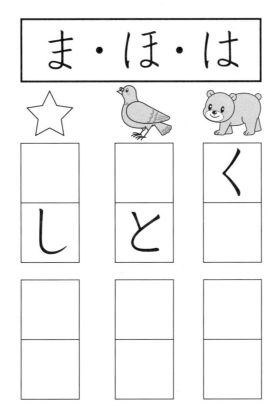

めの れんしゅう ①

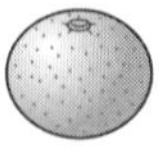を さがして ○で かこみましょう。

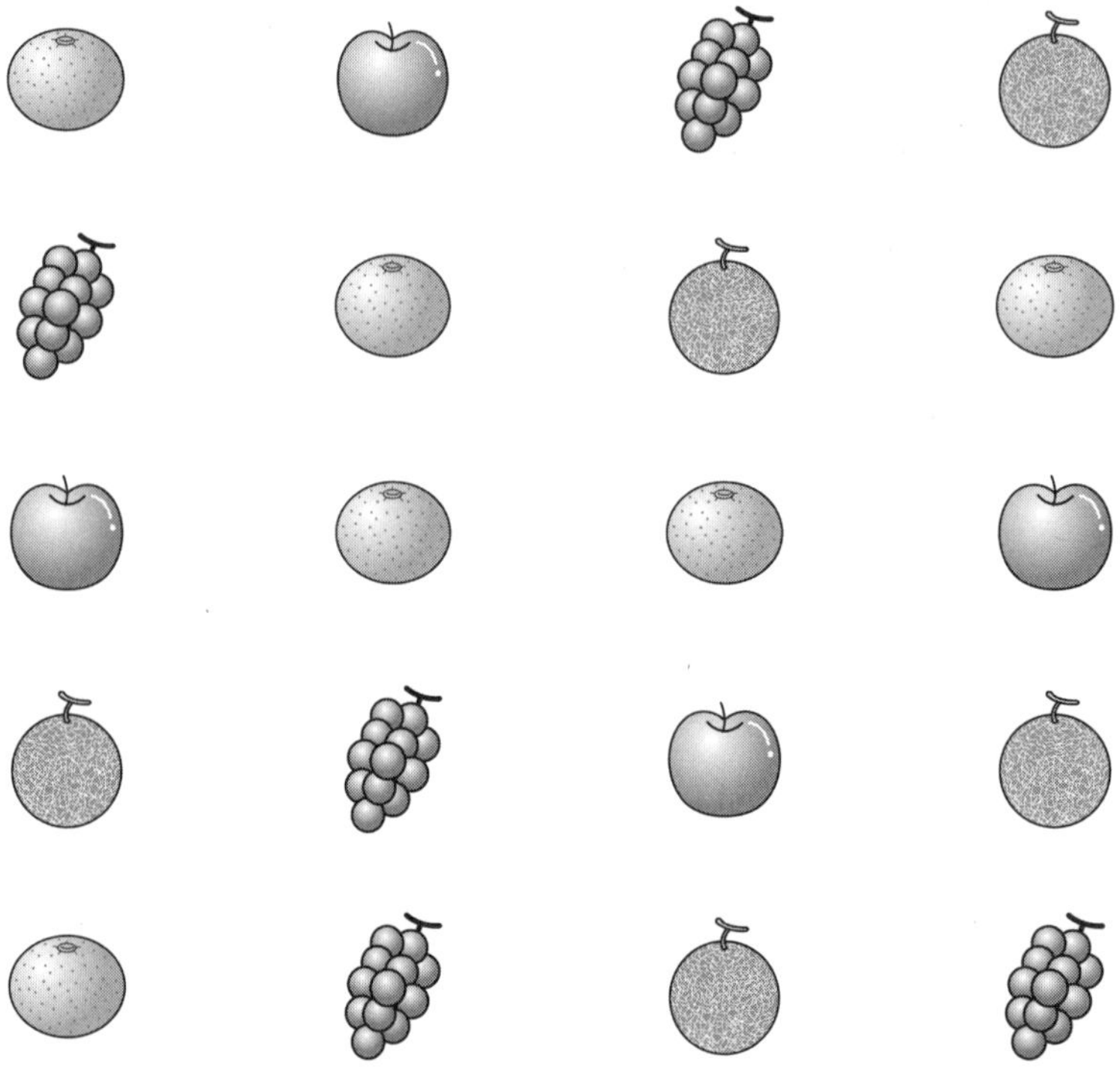

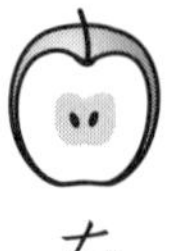を さがして ○で かこみましょう。

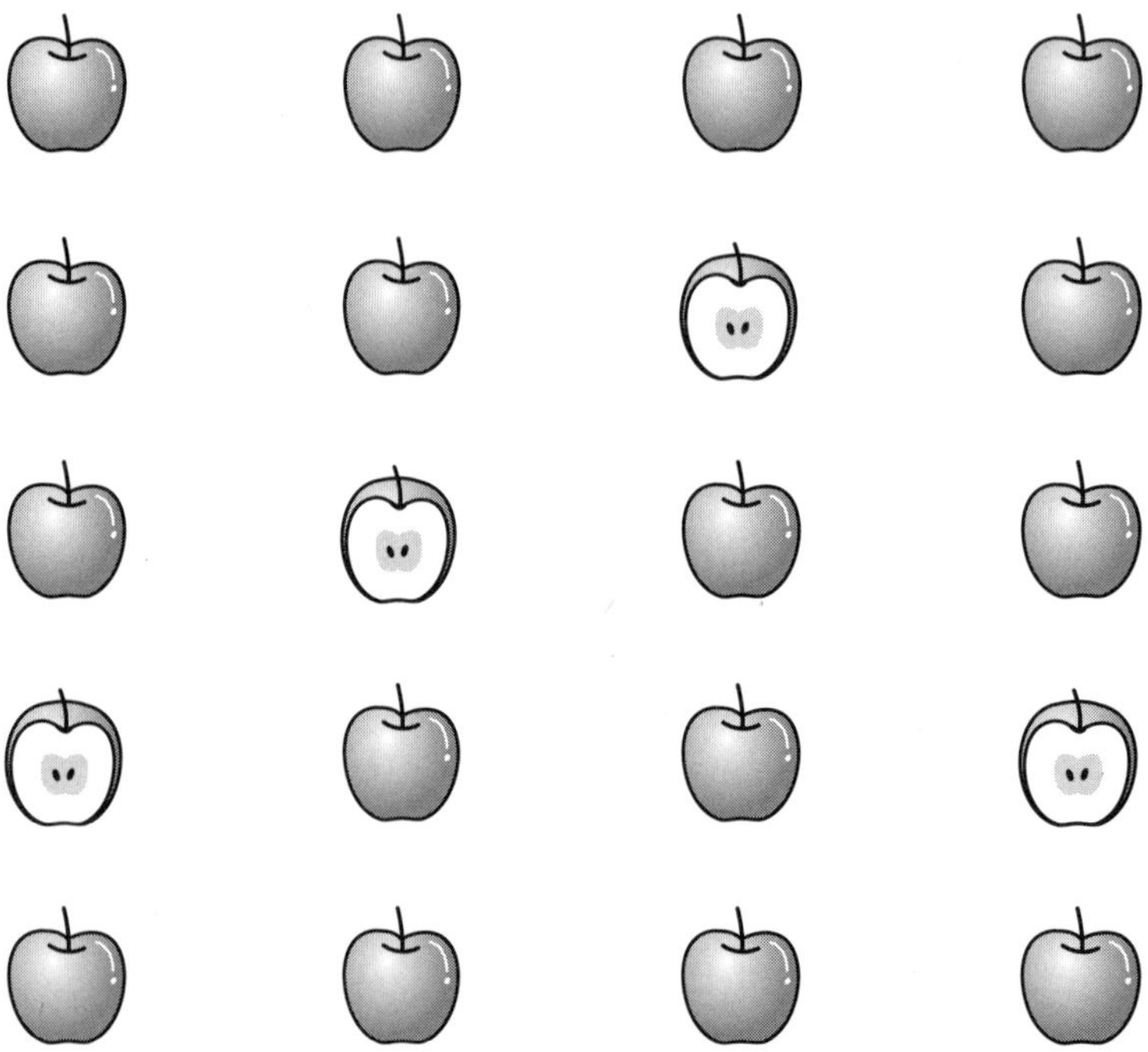

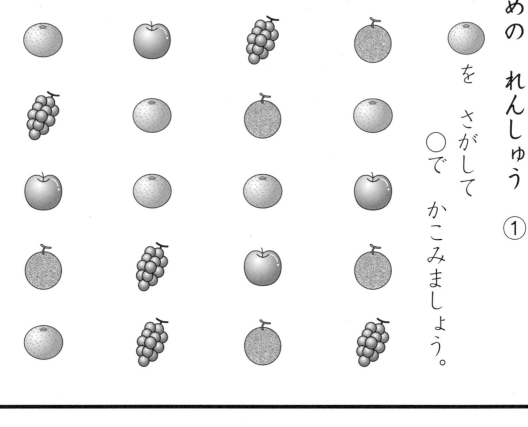

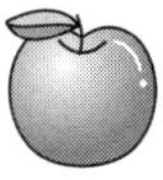を　さがして　○で　かこみましょう。

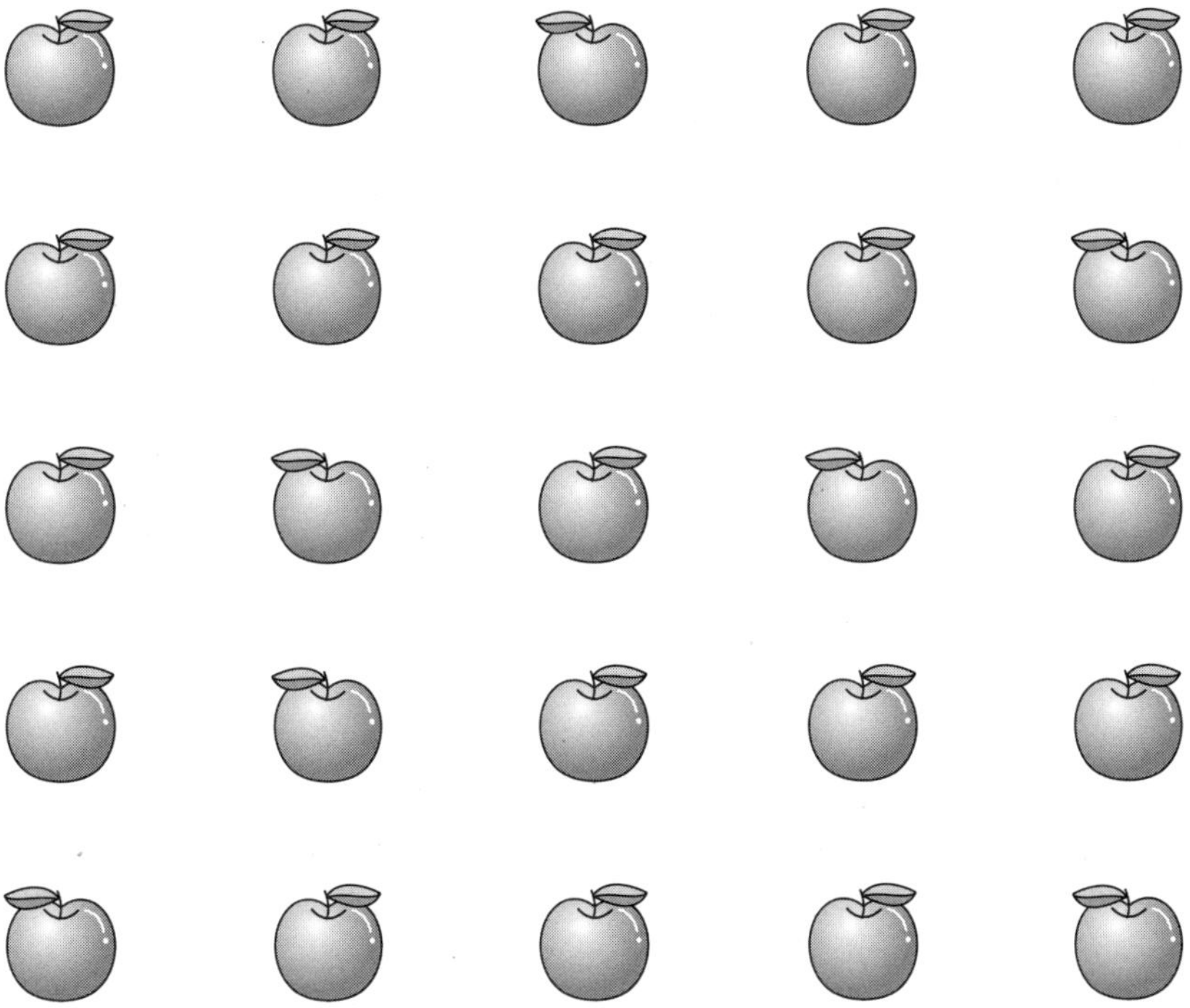

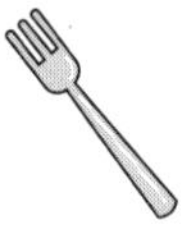を　さがして　○で　かこみましょう。

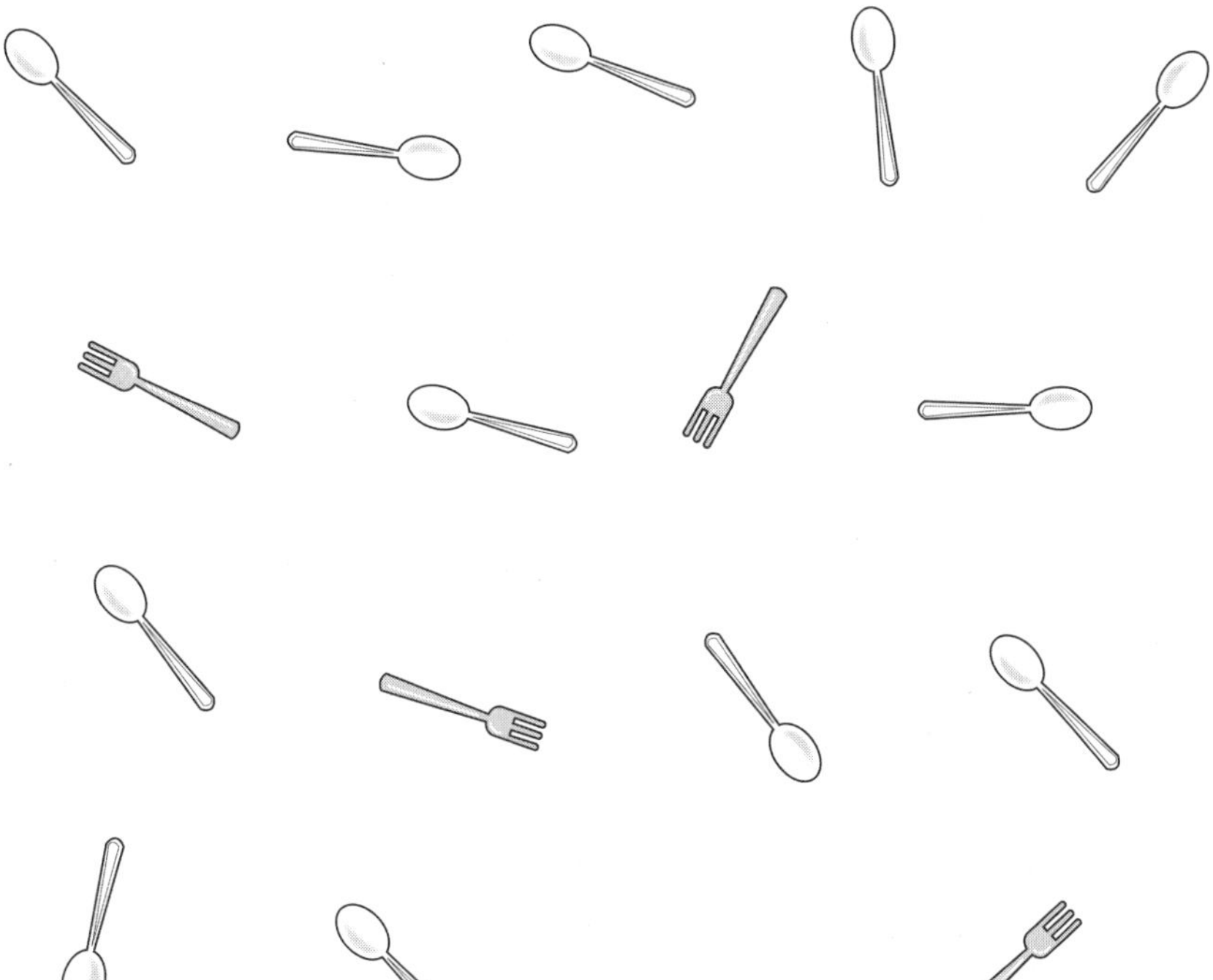

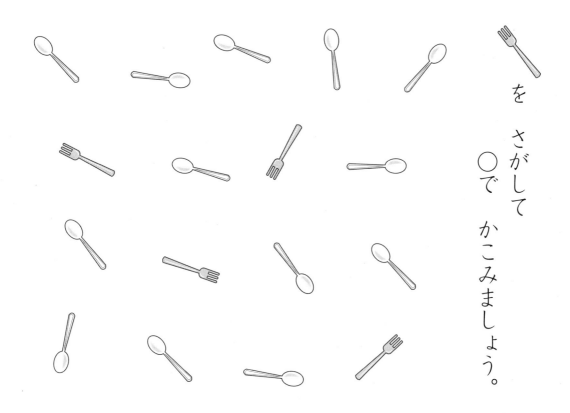

4 おもいだして かく いろいろな もじ

やぶれた ところを おもいだして かきましょう。

いぬ いぬ

ねこ

わに

さめ

くま

しか

たぬき

いるか

こあら

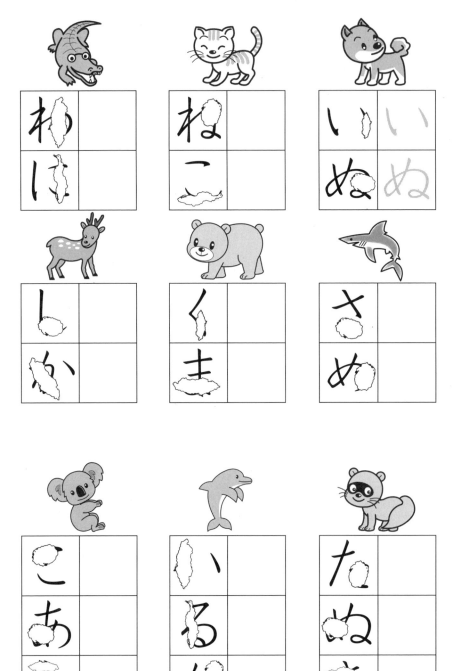

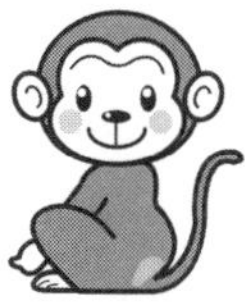

さる

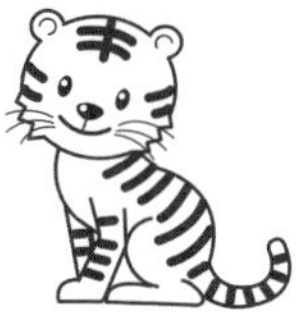

とら

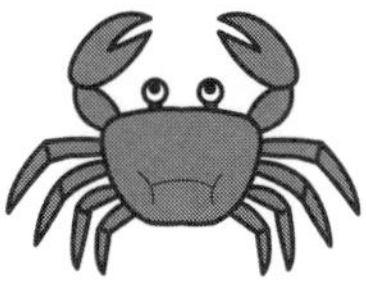

かに

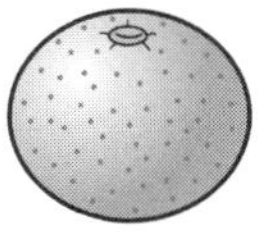

みかん

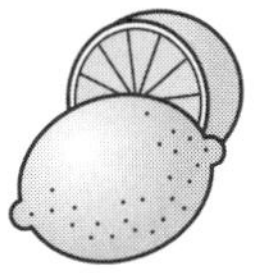

れもん

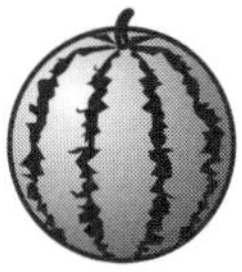

すいか

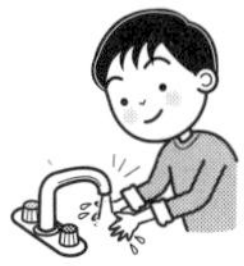

てをあらう

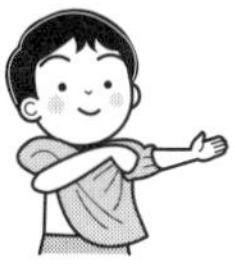

ふくをきる

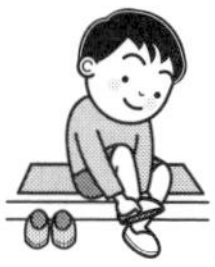

くつをはく

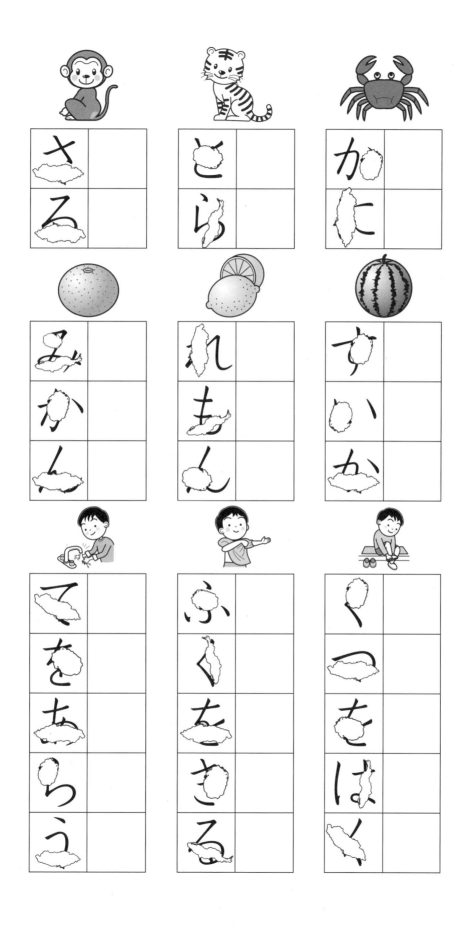

5 「゛」の つく もじ

が のように 「゛」を かきましょう。
かいたら よみましょう。

れんしゅう　よみましょう。

が

か → が

めがね

き → ぎ

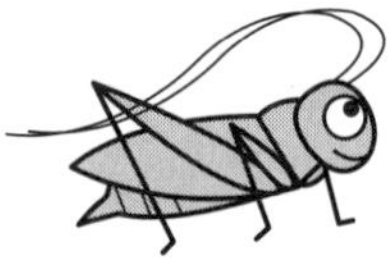

きりぎりす

ぐ → ぐ

ぐうぐう

け → げ

わなげ

こ → ご

ごりら

もじを　よんで　なぞりましょう

てがみ

たまねぎ

てんぐ

くらげ

いちご

せんで　むすびましょう。

・からす
・がらす

・かぎ
・かき

・くつ
・ながぐつ

・かげえ
・ふりかけ

・ごま
・こま

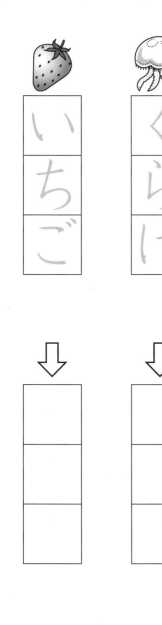

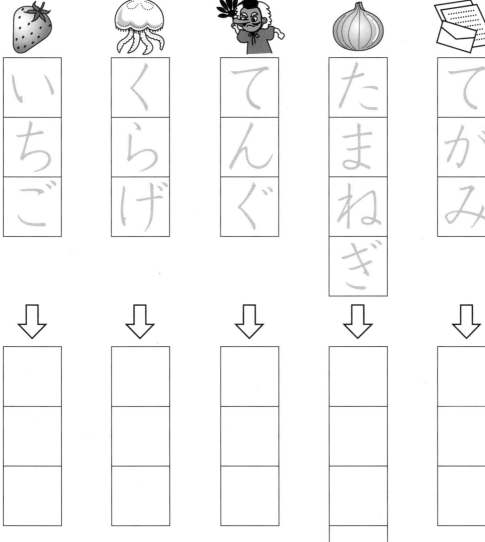

ざ

のように「゛」を
かきましょう。
かいたら　よみましょう。

れんしゅう　よみましょう。

さ

ざ

ざりがに

し

じ

ふじさん

す

ず

みみずく

せ

ぜ

おおぜき

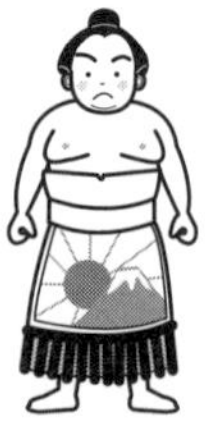

そ

ぞ

ぞうきん

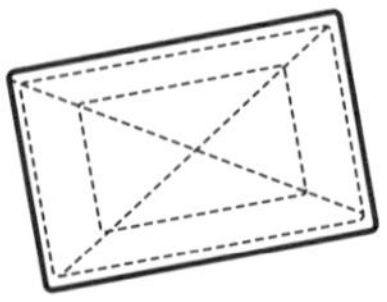

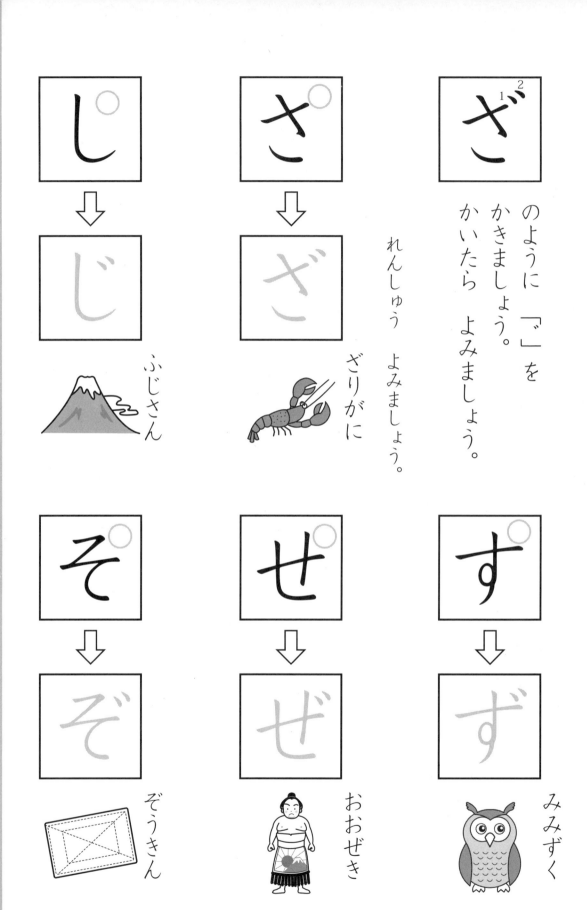

もじを よんで なぞりましょう

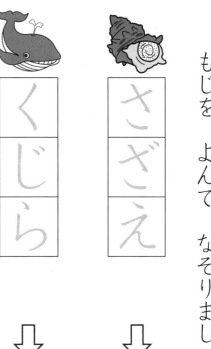

さざえ

くじら

ねずみ

きたかぜ

ぞう

せんで むすびましょう。

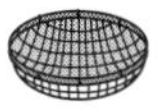

・さる
・ざる

・かじ
・かかし

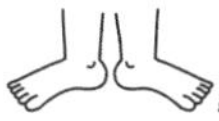

・あし
・あじさい

・すすき
・すずめ

・おいしそう
・おじぞう

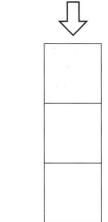

だ

のように「゛」を
かきましょう。
かいたら　よみましょう。

れんしゅう　よみましょう。

た
↓
だ

だいこん

ち
↓
ぢ

はなぢ

つ
↓
づ

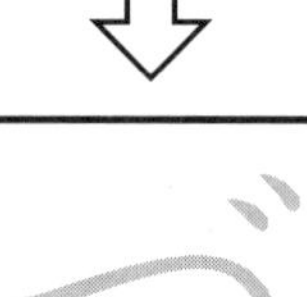

かんづめ

て
↓
で

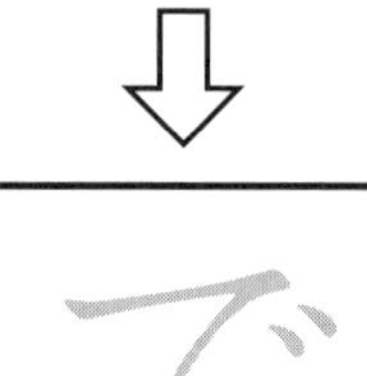

でんでんむし

と
↓
ど

どんぐり

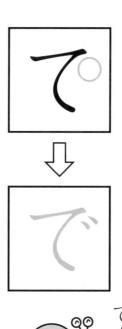

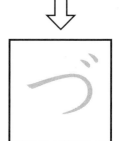

もじを　よんで　なぞりましょう

だんご

いちじく

よこづな

でんわ

どらやき

せんで　むすびましょう。

・たいや
・だいや
・はなぢ
・はち
・つき
・みかづき
・でんき
・てんき
・ふとん
・うどん

ば

のように「゛」を
かきましょう。
かいたら　よみましょう。

れんしゅう　よみましょう。

ぱ → ば

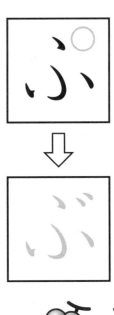

かば

ぴ → び

てれび

ぷ → ぶ

ぶどう

ぺ → べ

すべりだい

ぽ → ぼ

ぼうし

もじを　よんで　なぞりましょう

つばめ

なわとび

ぶらんこ

べんとう

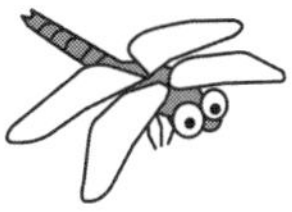
とんぼ

せんで　むすびましょう。

・ばなな
・はなたば

・ゆうひ
・はなび

・ぶた
・ふた

・すいへい
・せんべい

 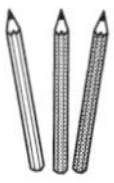
・2ほん
・3ぼん

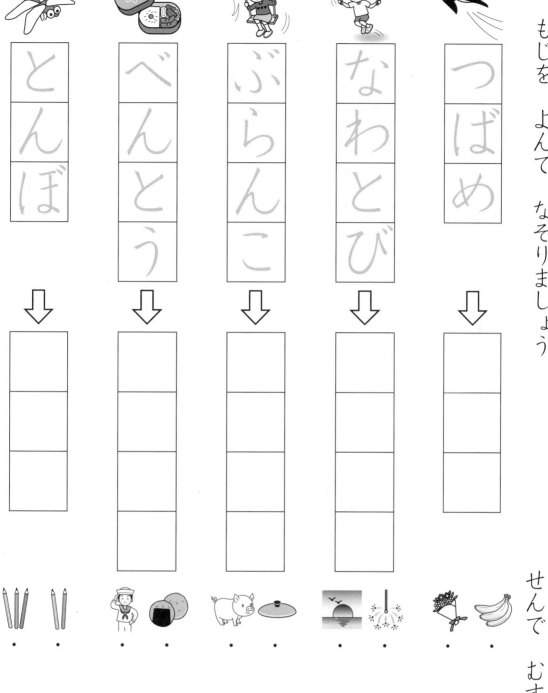

6 「゜」の つく もじ

ぱ

のように「゜」を
かきましょう。
かいたら よみましょう。

は → ぱ

ぱかぱか

ひ → ぴ

ぴかぴか

ふ → ぷ

ぷかぷか

へ → ぺ

ぺらぺら

ほ → ぽ

ぽかぽか

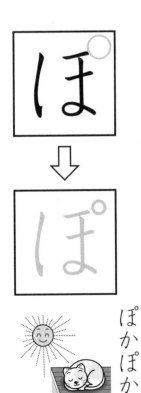

もじを　よんで　なぞりましょう

ぱいん

ぴあの

ぷりん

ぺりかん

たんぽぽ

せんで　むすびましょう。

・ぱん
・ぱんだ
・せんぷうき
・ぺんぎん
・1ぱい
・ぴえろ
・1ぽん
・てんぷら

めの れんしゅう ②

1れつめは 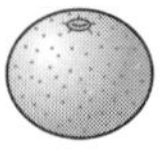を、
2れつめは を、
3れつめは を、
○で かこみましょう。

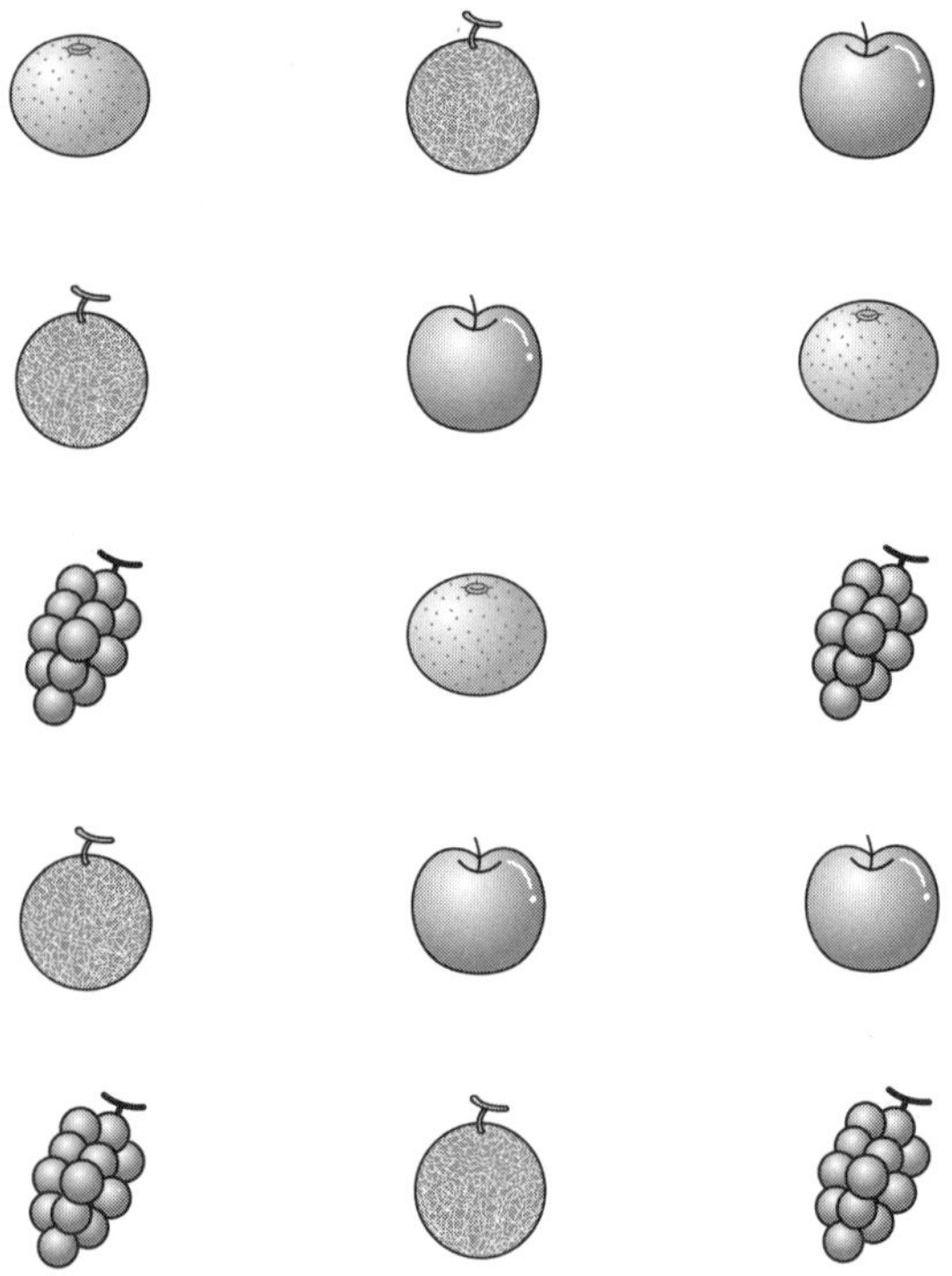

1れつめは を、
2れつめは を、
3れつめは を、
○で かこみましょう。

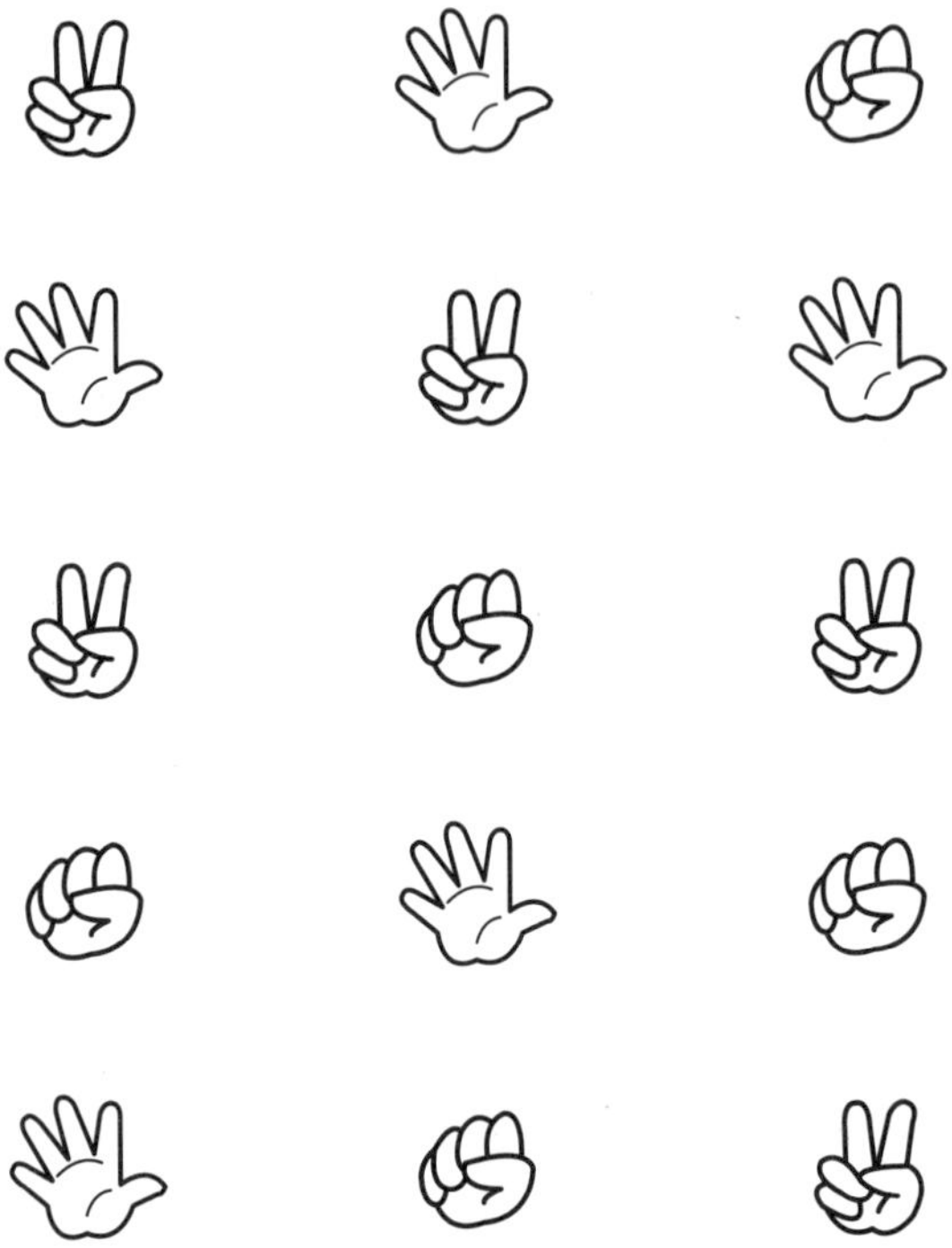

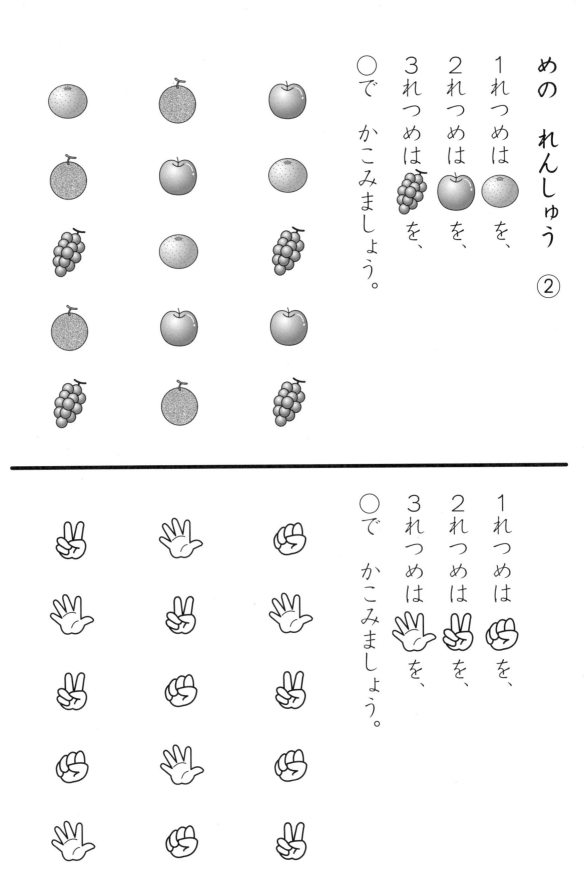

と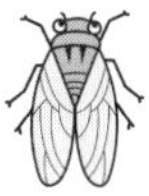を○でかこみましょう。

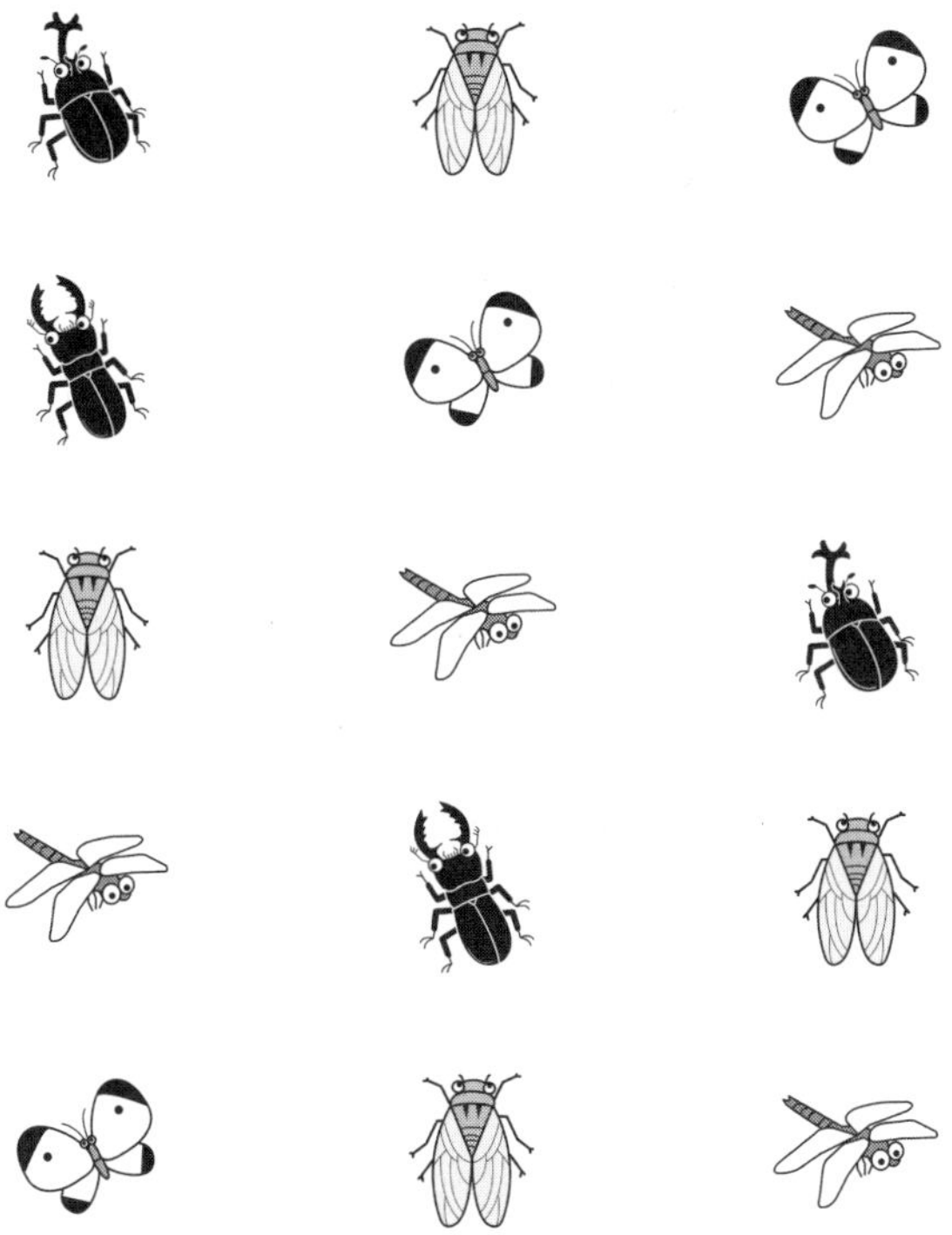

とを○でかこみましょう。

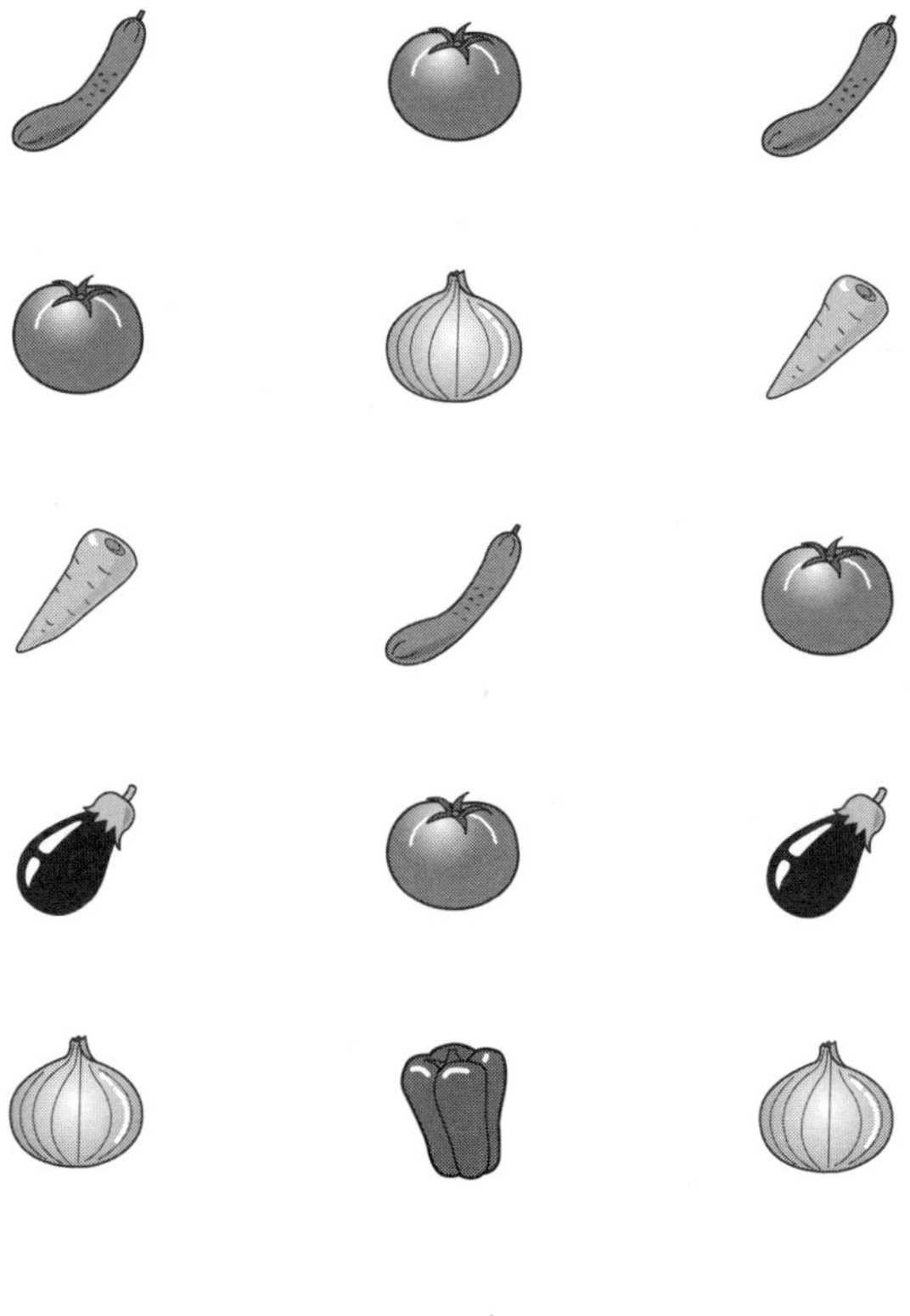

7 「ん」の つく ことば

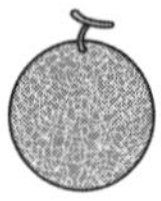のように 「ん」の つく ことばを ○で かこみましょう。

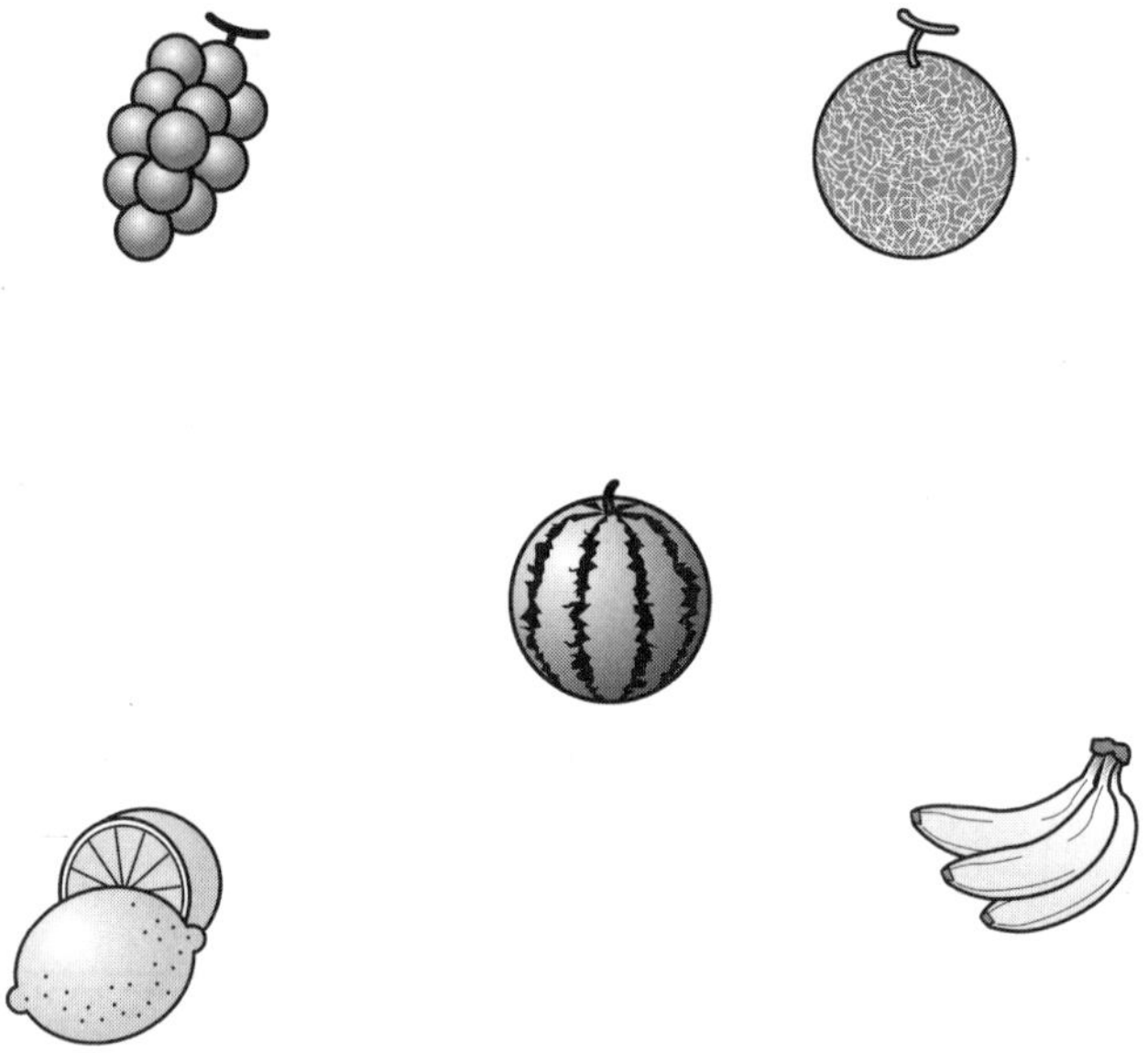

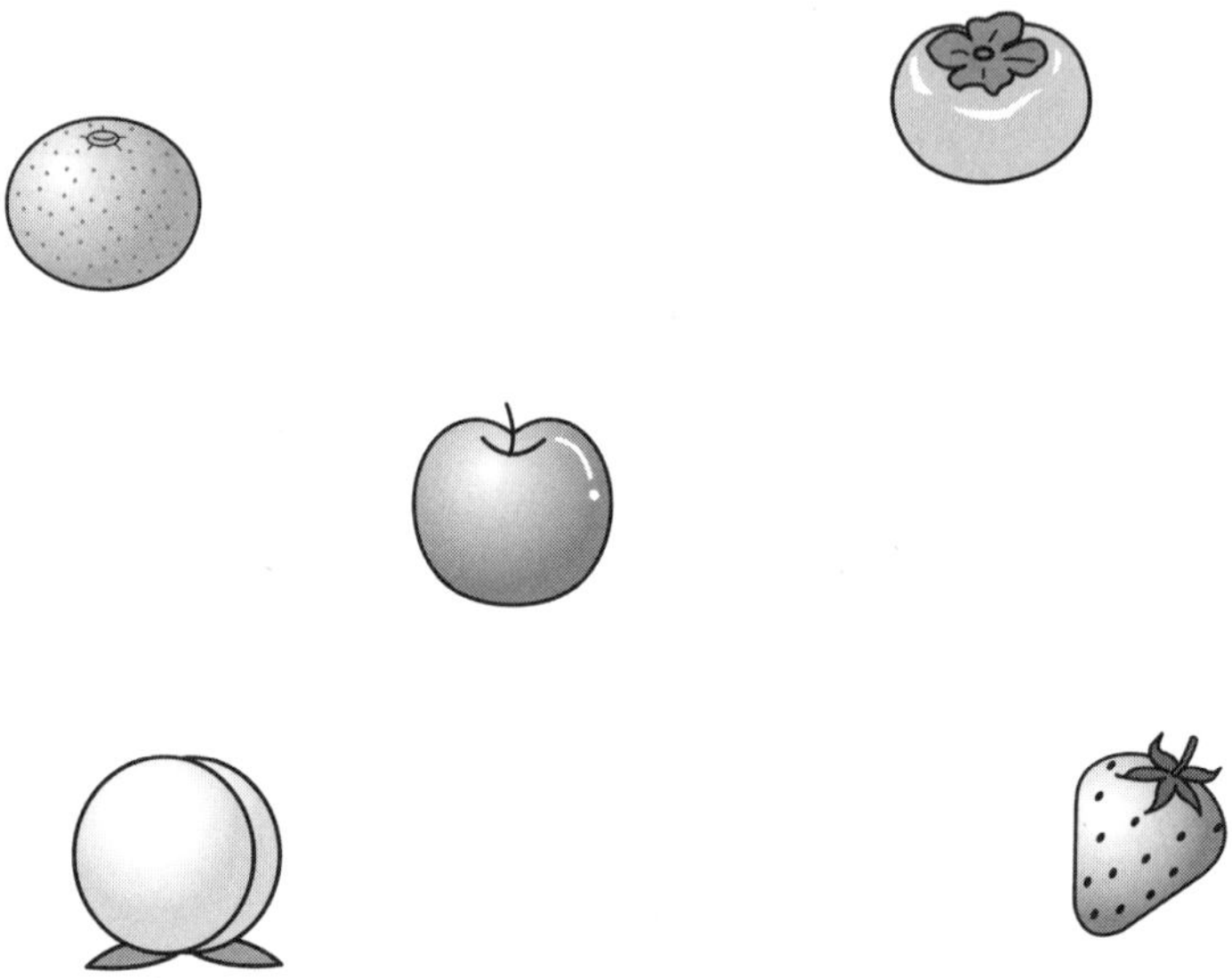

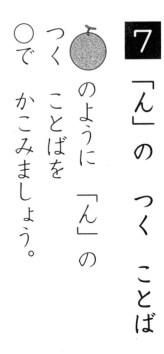

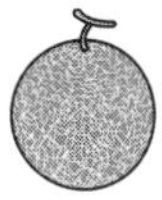のように「ん」のつく ことばを○で かこみましょう。

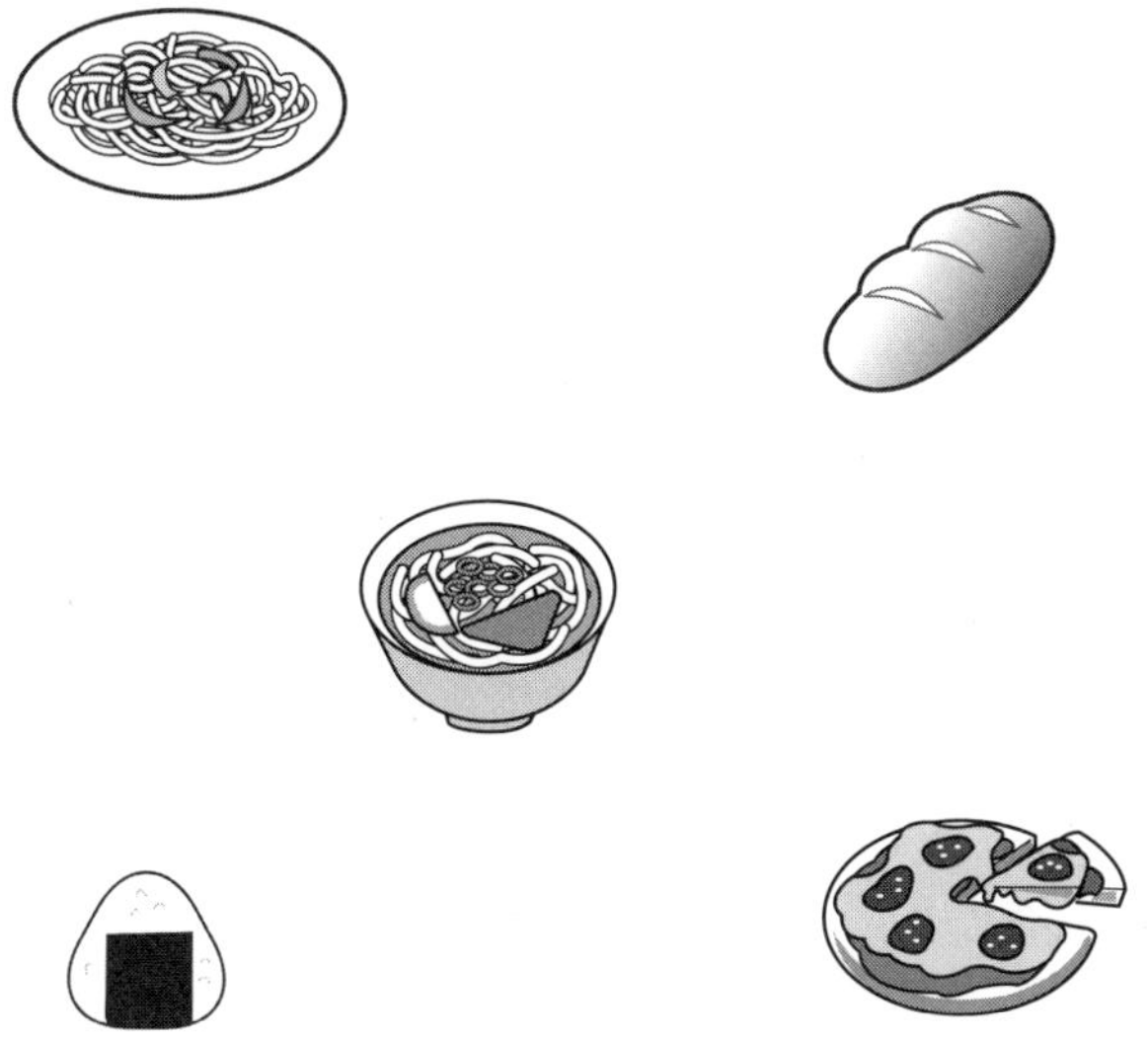

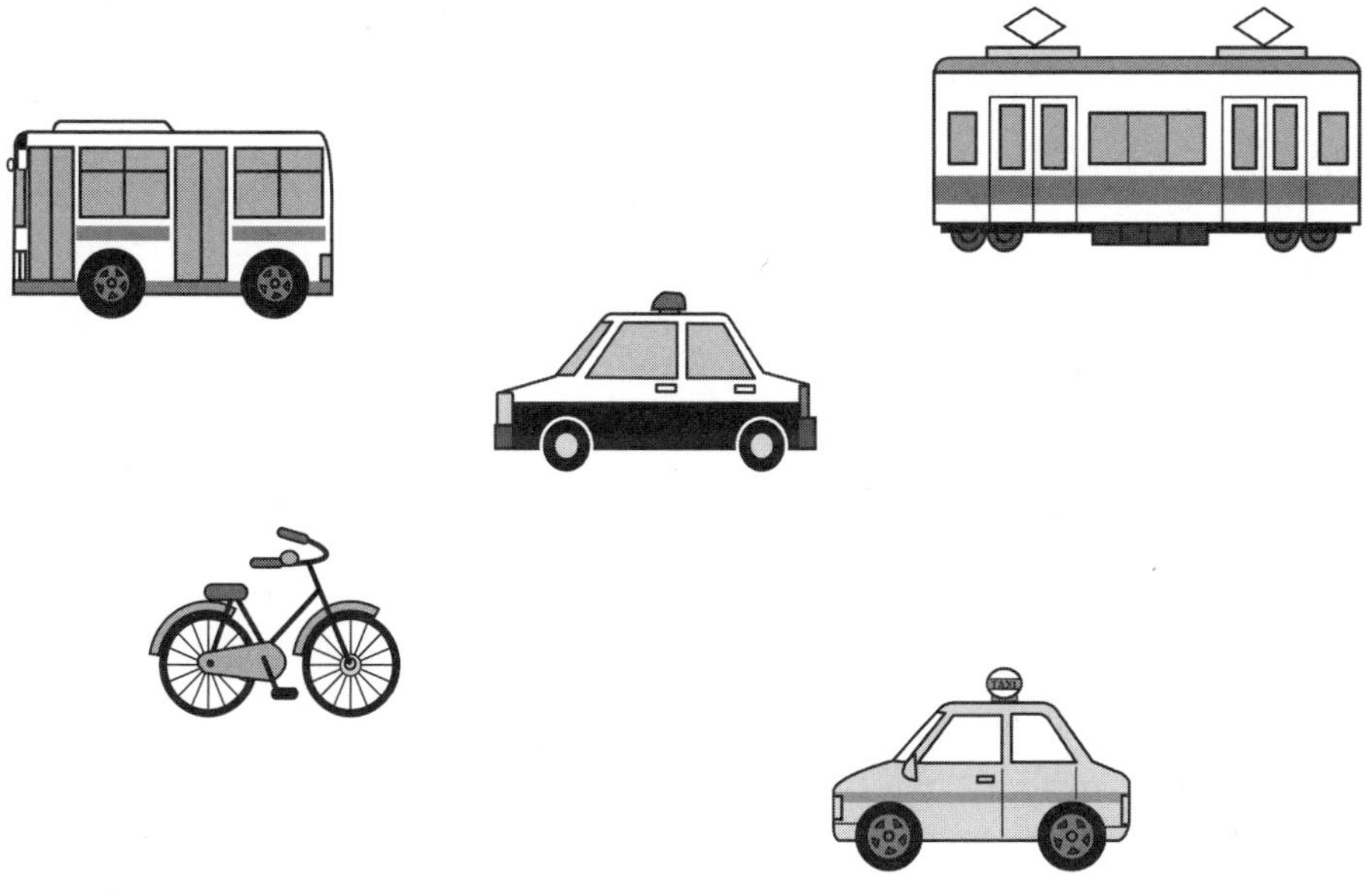

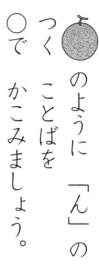

てほん

ん

なぞりましょう。

ん
ん
ん

よんでから　みて　かきましょう。

かん

ほん

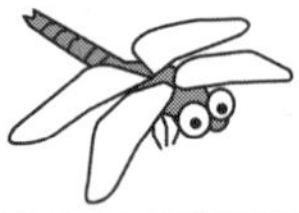

とんぼ

ぱんだ

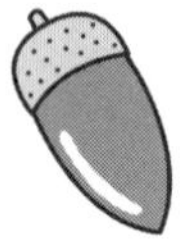

どんぐり

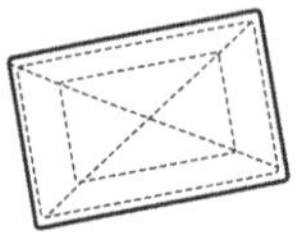

ぞうきん

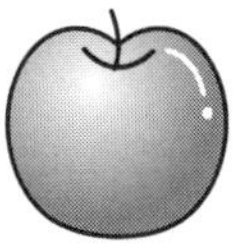

りんご

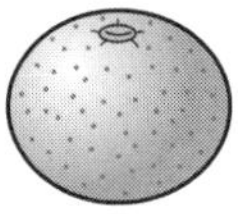

みかん

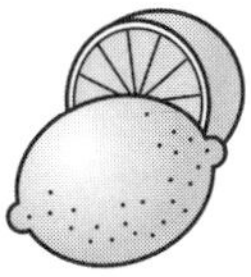

れもん

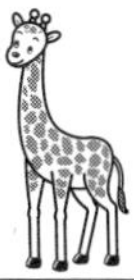

きりん

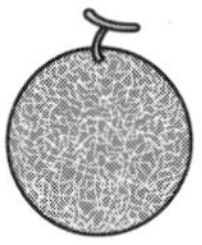

めろん

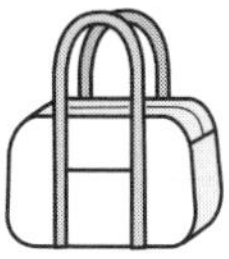

かばん

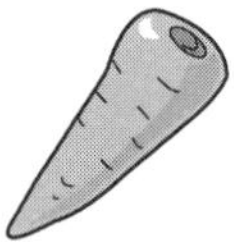

にんじん

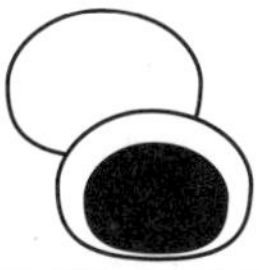

あんまん

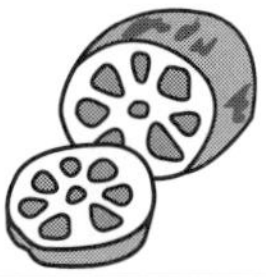

れんこん

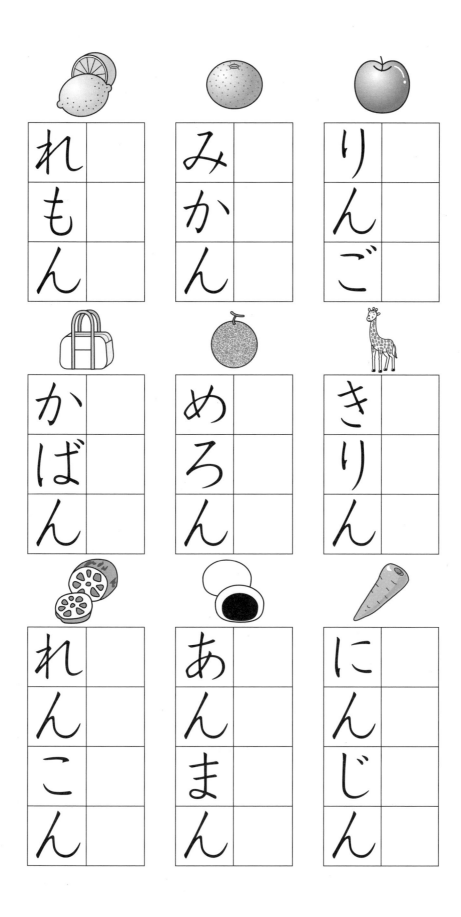

8 ちいさい「っ」の つく ことば

「きっぷ」のように「っ」で つまる ことばを ○で かこみましょう。

「きっぷ」のように「っ」で つまる ことばを ○で かこみましょう。

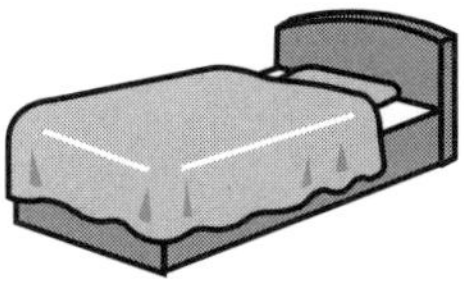

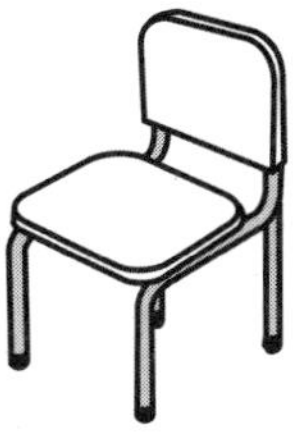

「きっぷ」のように
「っ」で つまる ことばを
○で かこみましょう。

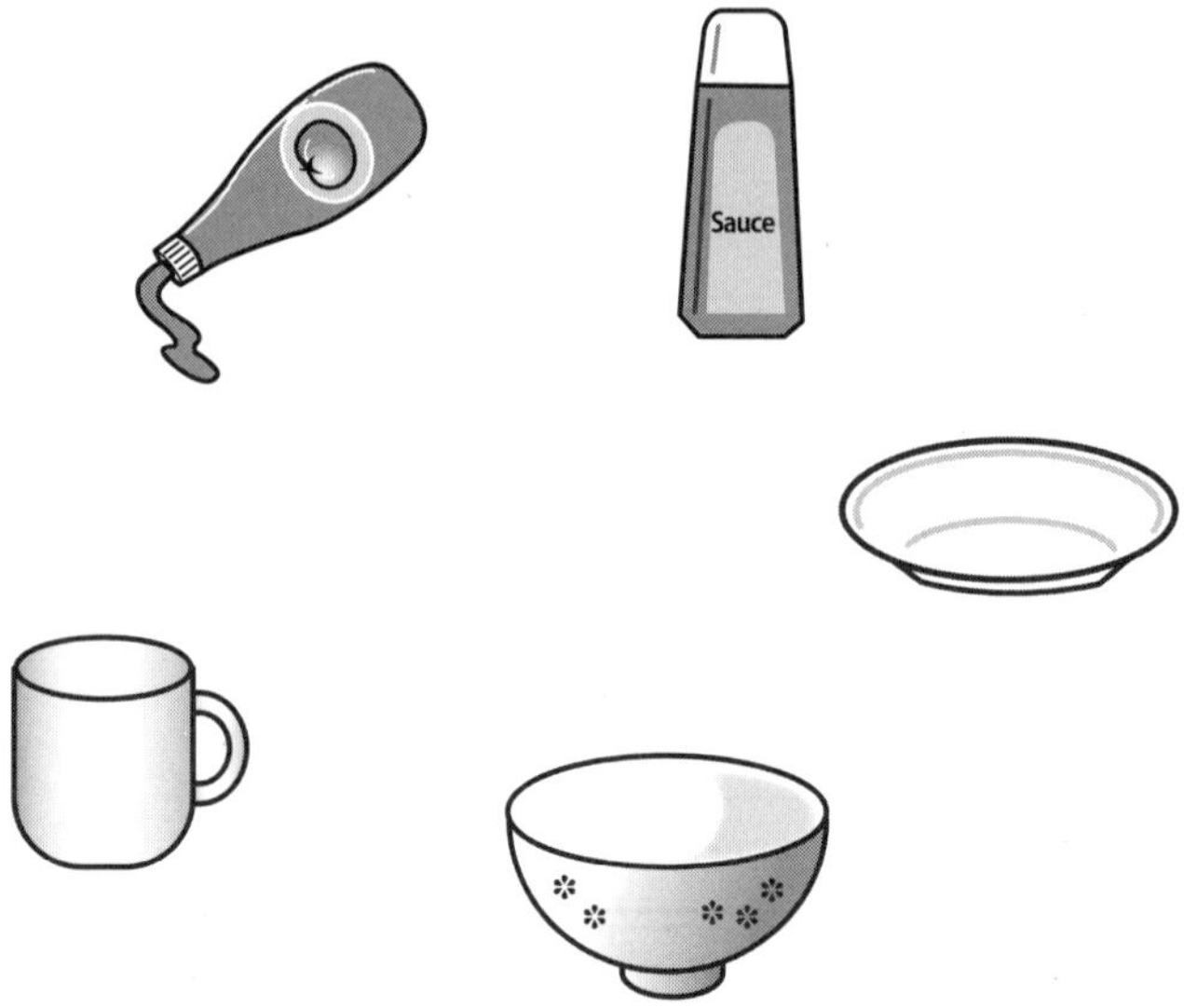

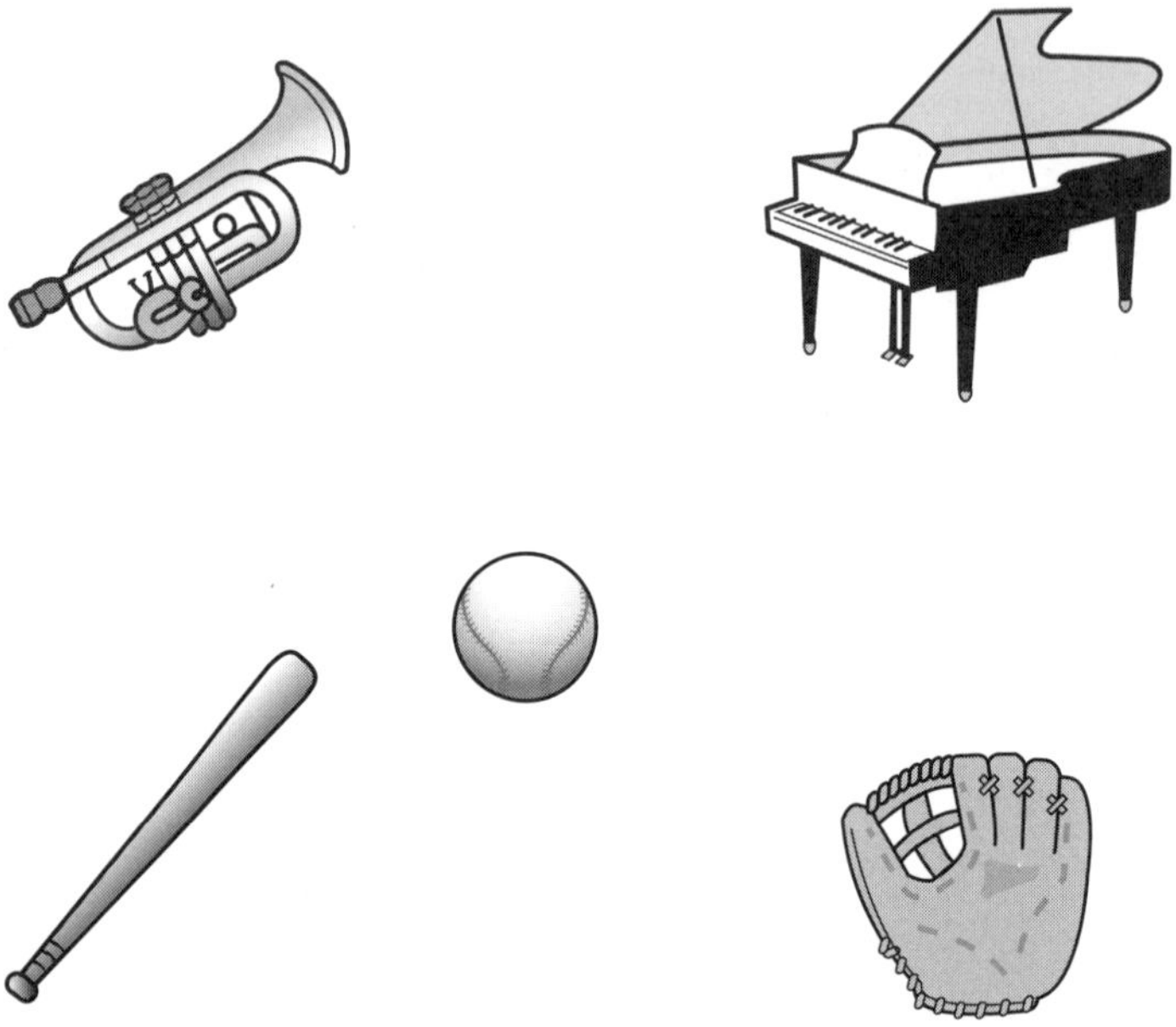

てほん

つ

なぞりましょう。

つ
つ
つ

よんでから　みて　かきましょう。

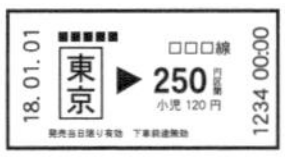

きっぷ

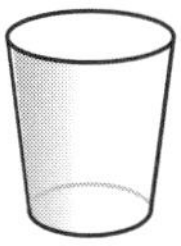

こっぷ

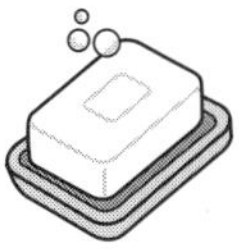

せっけん

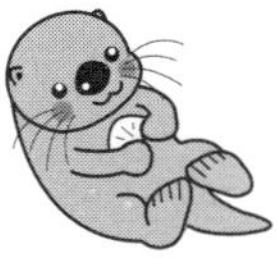

らっこ

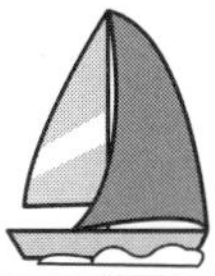

よっと

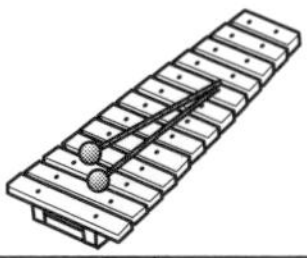

もっきん

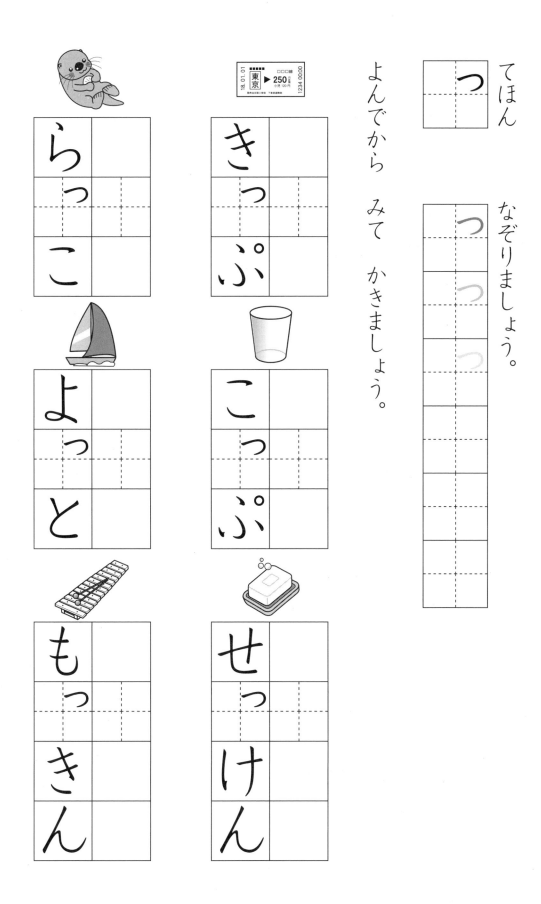

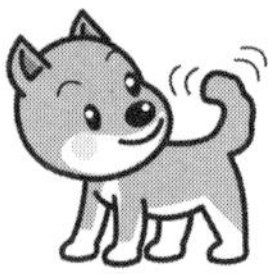

しっぽ

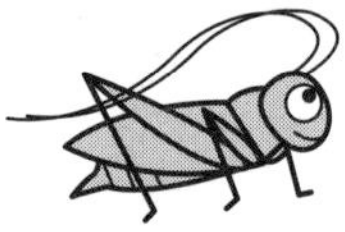

ばった

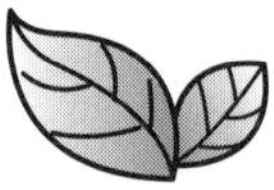

はっぱ

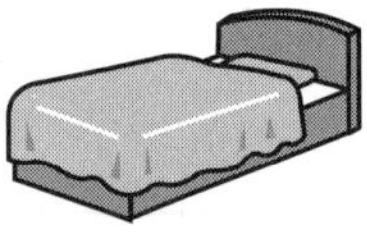

べっど

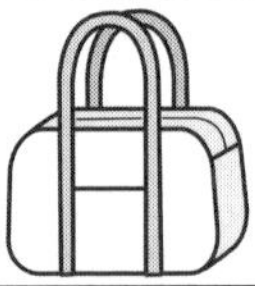

ばっぐ

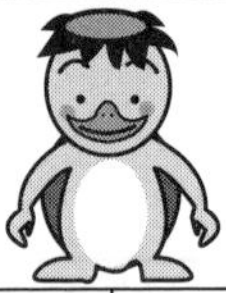

かっぱ

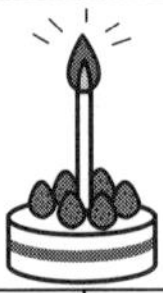

いっぽん

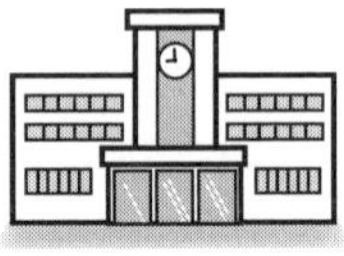

がっこう

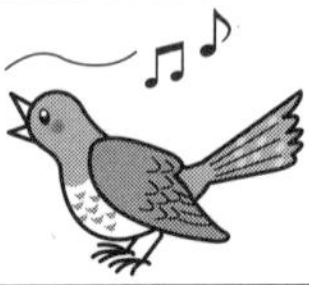

かっこう

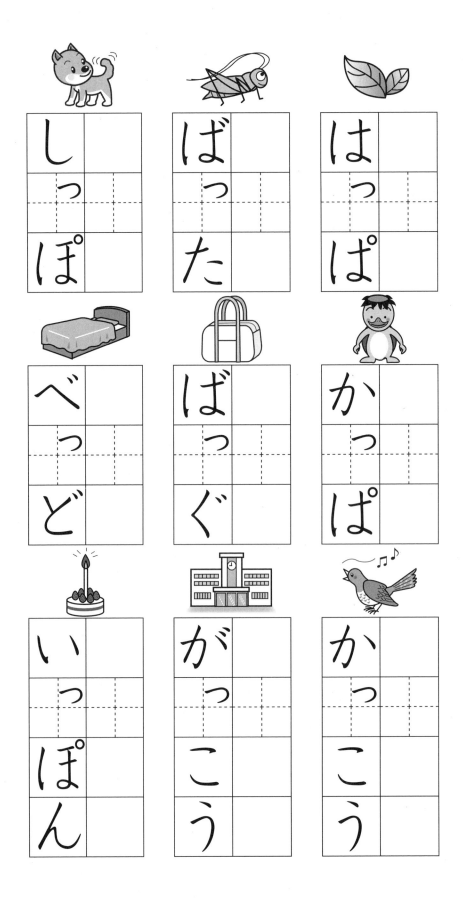

つ

つ

ただしい　ほうを　かいて　れんしゅうしましょう。

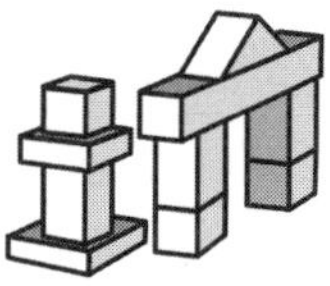
つみき

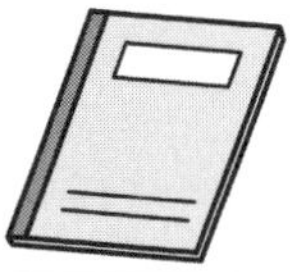
に　き

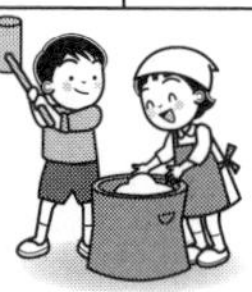
もち　き

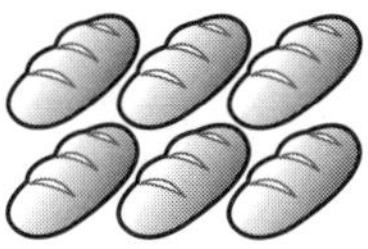
ろ　こ

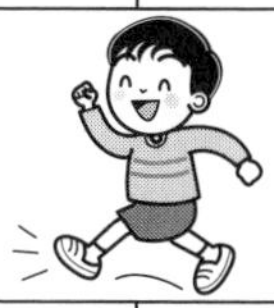
い　ぽ

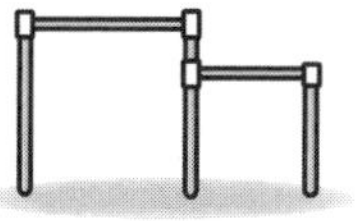
て　ぼう

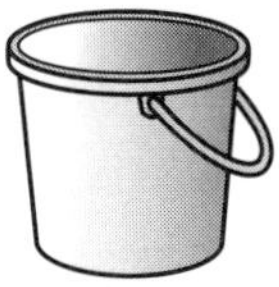
ばけ

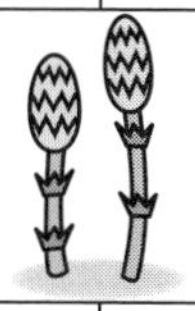
　くし

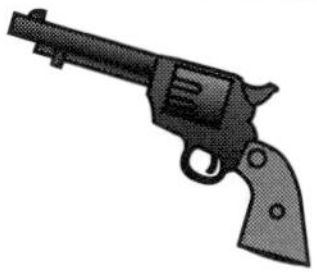
て　ぽう

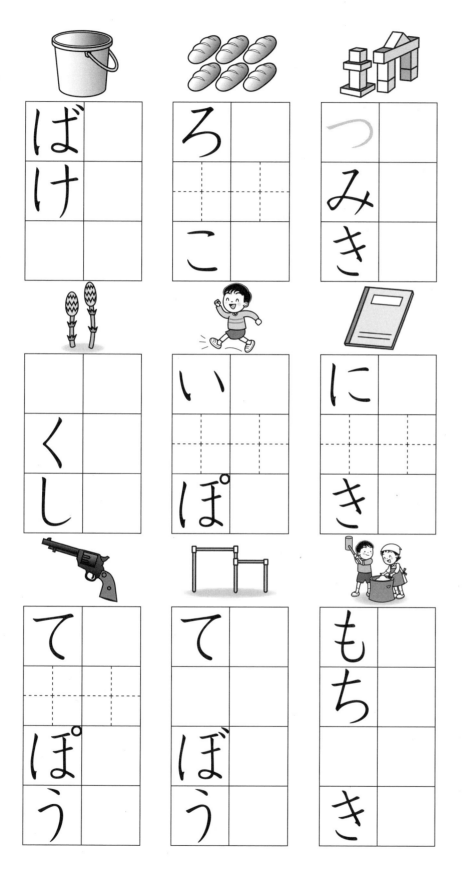

9 おわった　いいかた

てほんのように　おわった　いいかたに　しましょう。

てほん

のむ → のんだ

なぞりましょう。

かむ →

よむ →

あむ →

とぶ →

よぶ →

てほんのように　おわった　いいかたに　しましょう。

てほん

いう

なぞりましょう。

いった

うつ

きる

ける

おる

のる

めの　れんしゅう　③

ぼうしを　かぶって　はんそで　はんずぼんで　ばっとを　もっている
おとこのこを　◯で　かこみましょう。

らいおんと　うさぎと　ぞうと　くまが　のっている　ばすを
○で　かこみましょう。

10 ちいさい「ゃ」「ゅ」「ょ」の つく ことば

てほん

よんで なぞりましょう。

れんしゅう

きゃ

きゃ

きゃ

おきゃくさま

きゅ

きゅ

きゅ

ききゅう

きょ

きょ

きょ

おきょう

てほん

しゃ　しゃ

よんで　なぞりましょう。

しゅ　しゅ

しょ　しょ

れんしゅう

しゃ

かいしゃ

しゅ

あくしゅ

しょ

よいしょ

てほん

ちゃ

よんで　なぞりましょう。

ちゃ

ちゅ

ちゅ

ちょ

ちょ

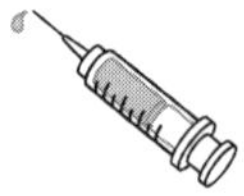

れんしゅう

ちゃ

ちゃわん

ちゅ

ちゅうしゃ

ちょ

ちょうちょう

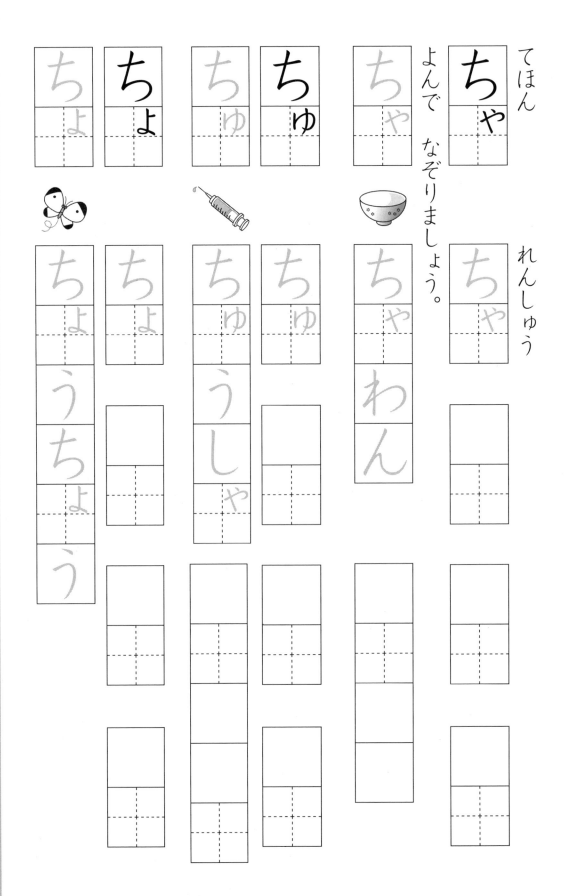

てほん

にゃ

よんで　なぞりましょう。

にゃ

にゅ

にゅ

にょ

にょ

れんしゅう

にゃ

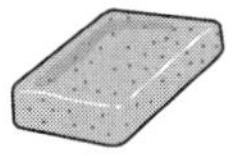

こんにゃく

にゅ

にゅうがく

にょ

にょろにょろ

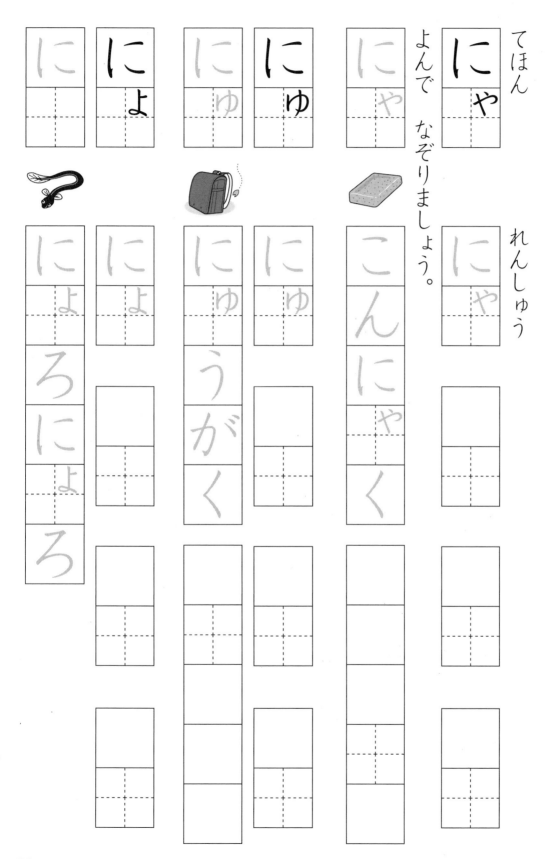

てほん

ひゃ

よんで　なぞりましょう。

ひゃ

ひゅ

ひゅ

ひょ

ひょ

れんしゅう

ひゃ

ひゃくえん

ひゅ

ひゅうひゅう

ひょ

ひょう

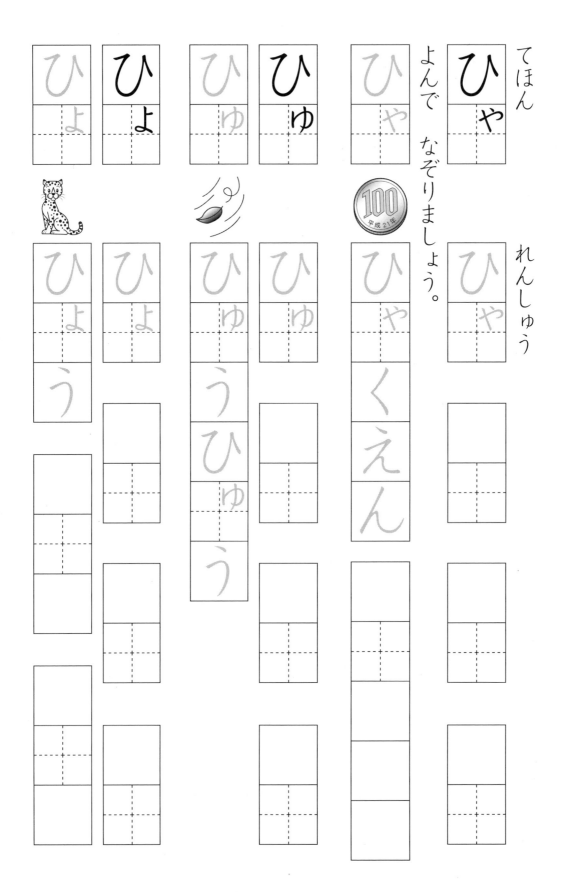

てほん

みゃ　みゃ

よんで　なぞりましょう。

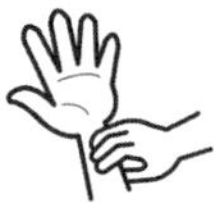

みゅ　みゅ

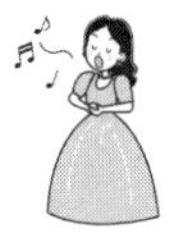

みょ　みょ

れんしゅう

みゃ

みゃく

みゅ

みゅうじかる

みょ

みょうが

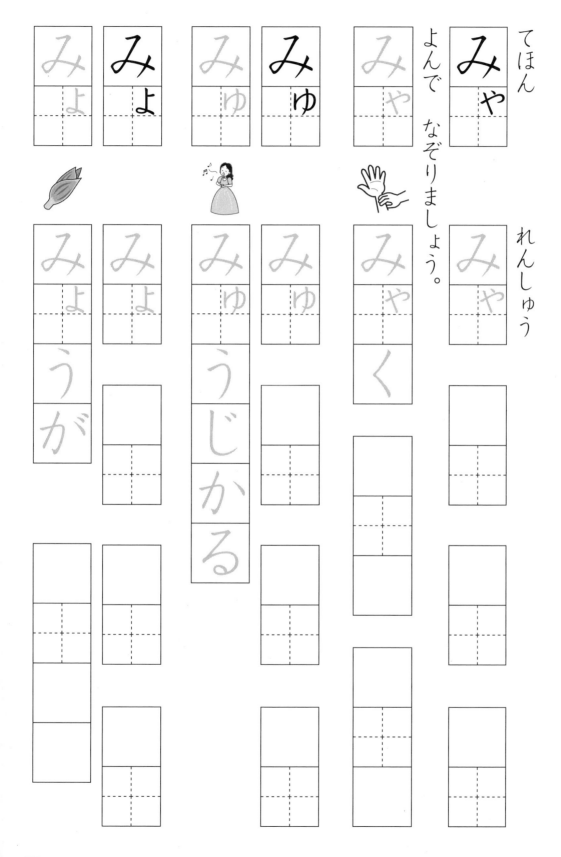

てほん

りゃ

よんで　なぞりましょう。

りゃ

りゅ

りゅ

りょ

りょ

れんしゅう

りゃ

こうりゃく

りゅ

きょうりゅう

りょ

りょうて

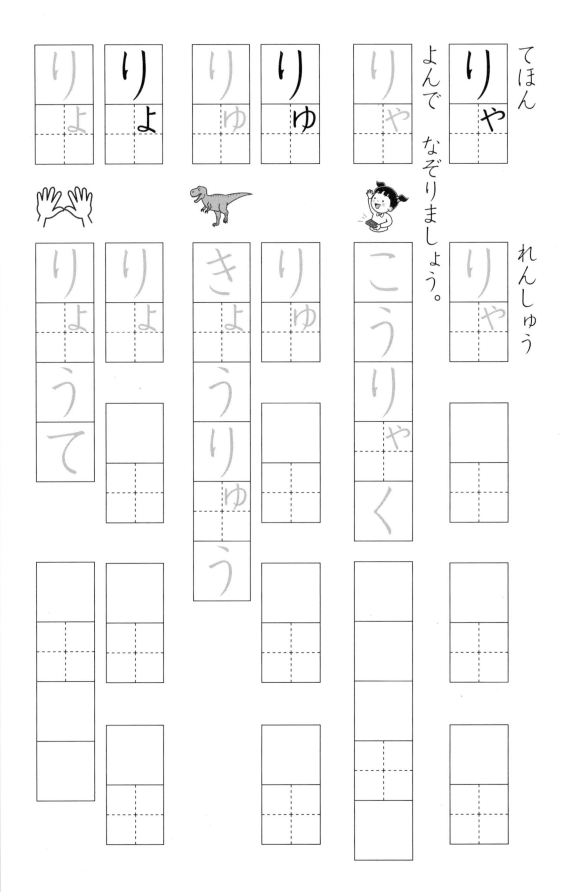

てほん

よんで　なぞりましょう。

ぎゃ　ぎゃ

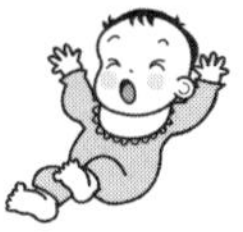

ぎゅ　ぎゅ

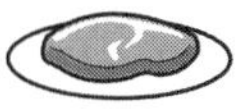

ぎょ　ぎょ

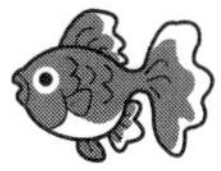

れんしゅう

ぎゃ

おぎゃあ

ぎゅ

ぎゅうにく

ぎょ

きんぎょ

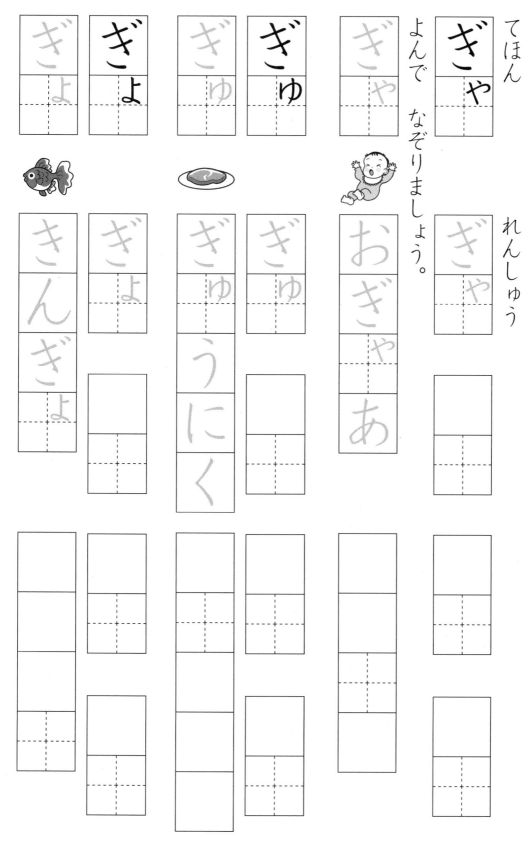

てほん

じゃ

よんで　なぞりましょう。

じゃ

じゅ

じゅ

じょ

じょ

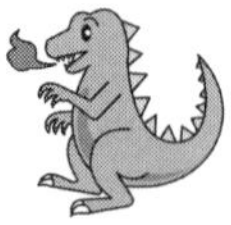

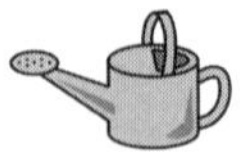

れんしゅう

じゃ

にんじゃ

じゅ

かいじゅう

じょ

じょうろ

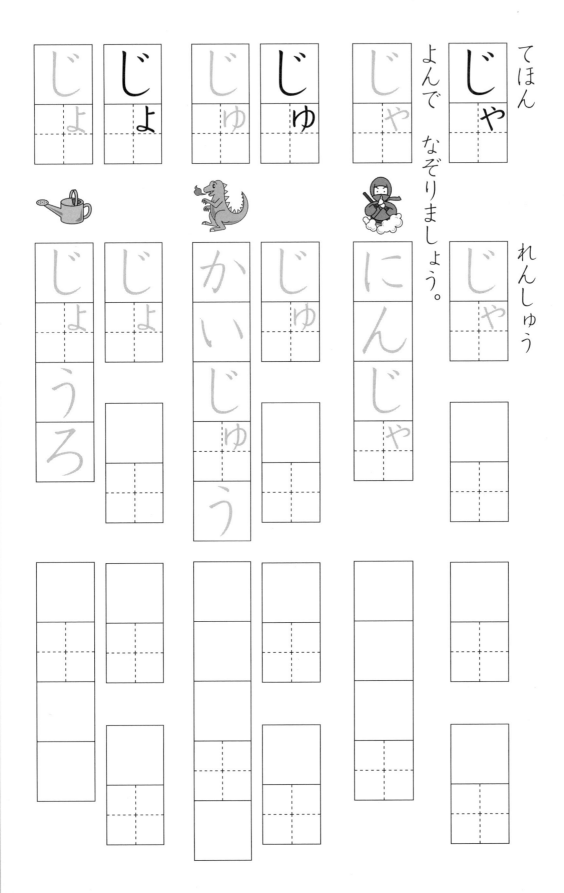

てほん

びゃ

よんで　なぞりましょう。

びゃ

びゅ

びゅ

びょ

びょ

れんしゅう

びゃ

さんびゃく

びゅ

びんびゅん

びょ

びょういん

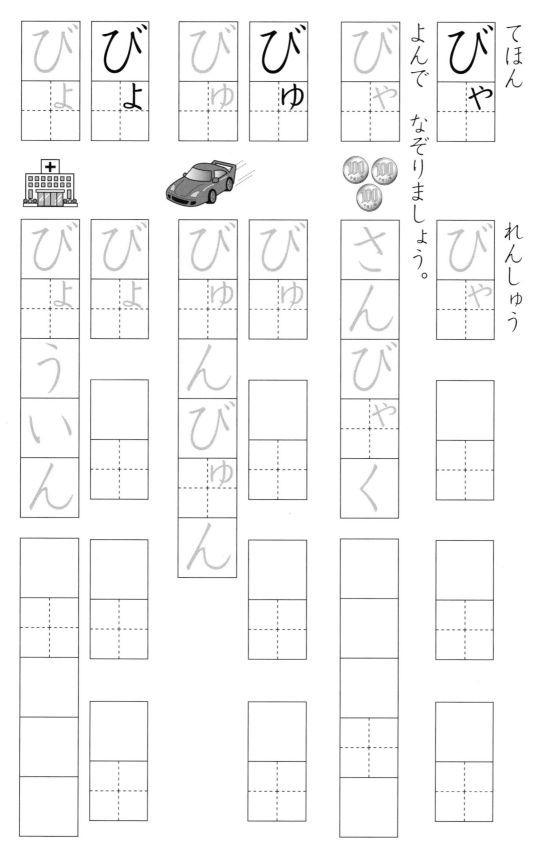

てほん

ぴゃ

よんで　なぞりましょう。

ぴゃ

ぴゅ

ぴゅ

ぴょ

ぴょ

れんしゅう

ぴゃ

ろっぴゃく

ぴゅ

ぴゅうぴゅう

ぴょ

ぴょんぴょん

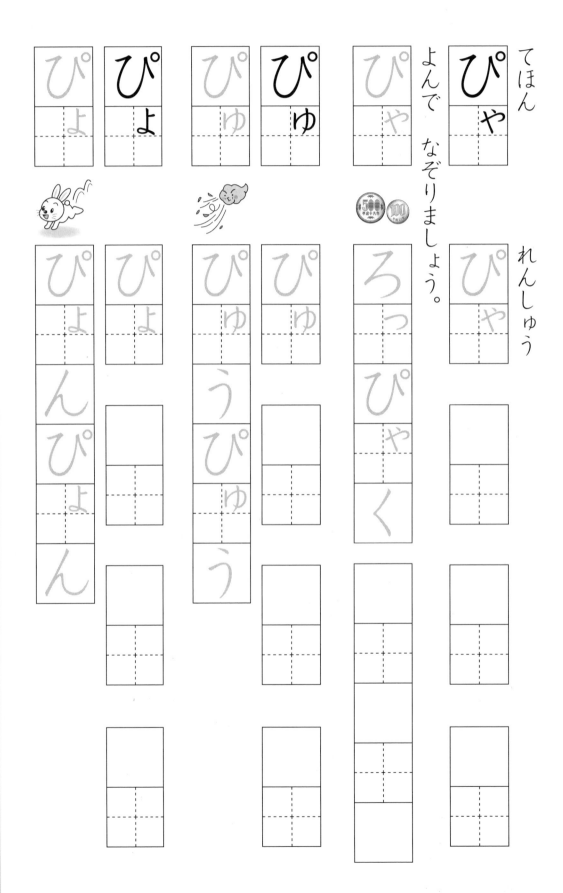

れんしゅう　しましょう。

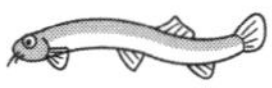

どじょう

むぎちゃ

きゅうきゅうしゃ

りゅうぐうじょう

じゃんけん

ぎょうじ

ひゃくてん

11 ちいさい「ゃ」「ゅ」「ょ」と「っ」の つく ことば

よんでから みて かきましょう。

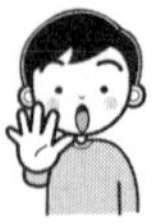

ちょっと

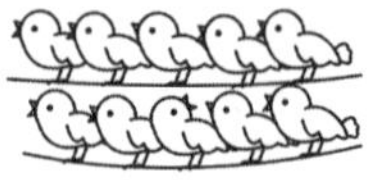

じゅっぱ

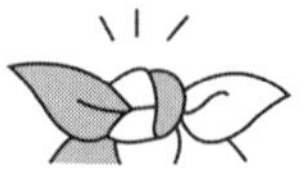

きゅっと

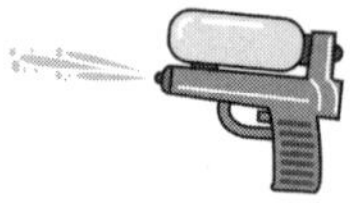

ぴゅっと

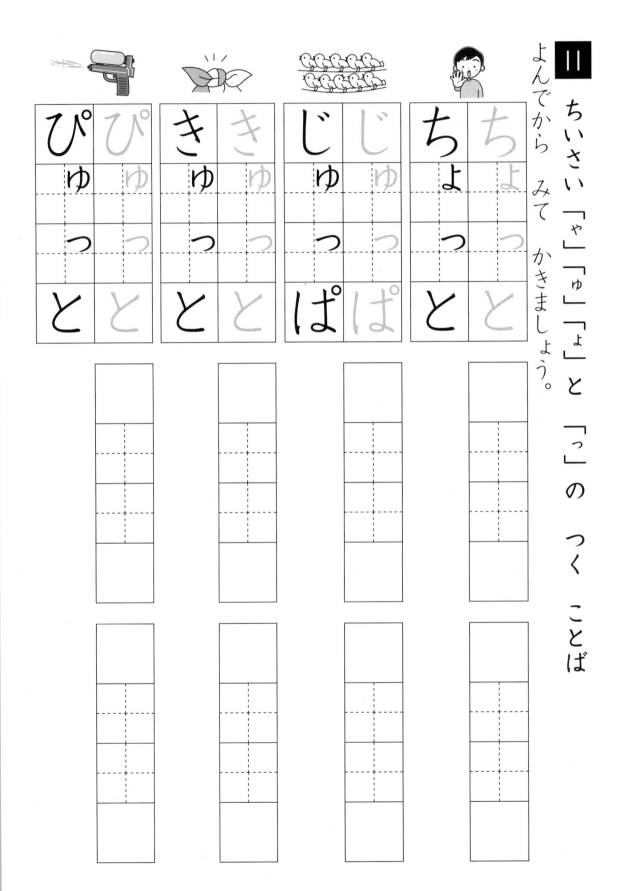

よんでから　みて　かきましょう。

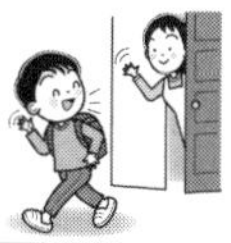

しゅっぱつ

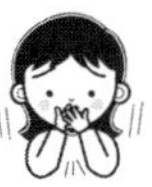

しゃっくり

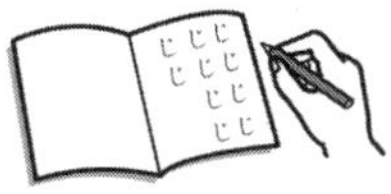

じゅっかい

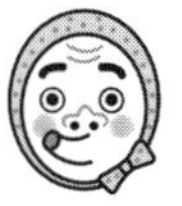

ひょっとこ

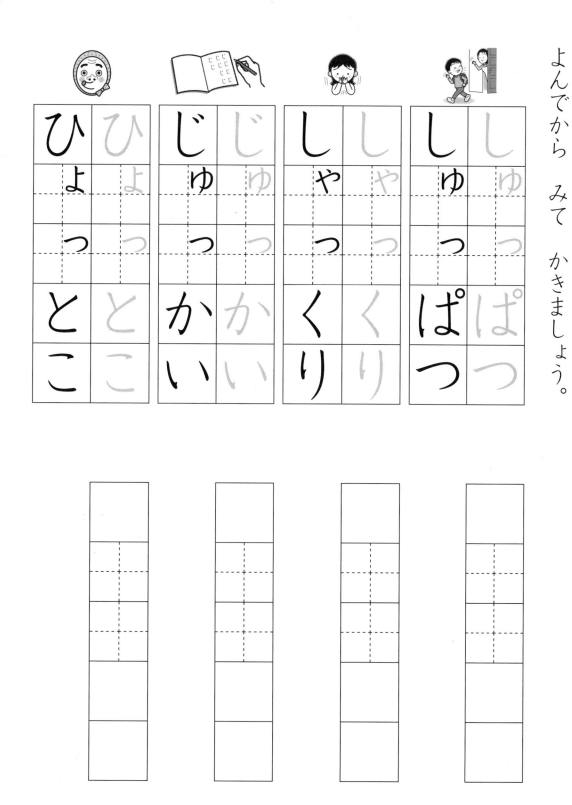

めの　れんしゅう　④

くだものの　なかまを　ぜんぶ　○　でかこみましょう。

むしの　なかまを　ぜんぶ　○で　かこみましょう。

12 のばす　おと「い」「う」「お」

□の　なかに　「い」を　かいて
よみましょう。

ちいさい

み□み□

ぴ□ぴ□

おじ□さん

おに□さん

まちがえないように　しましょう。

せいと

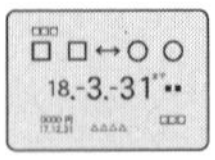

て□き

え□が

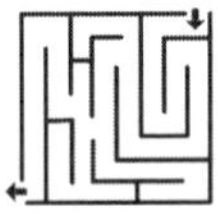

め□ろ

け□た□

おねえさん

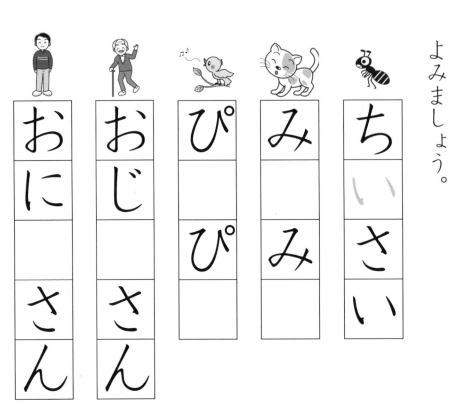

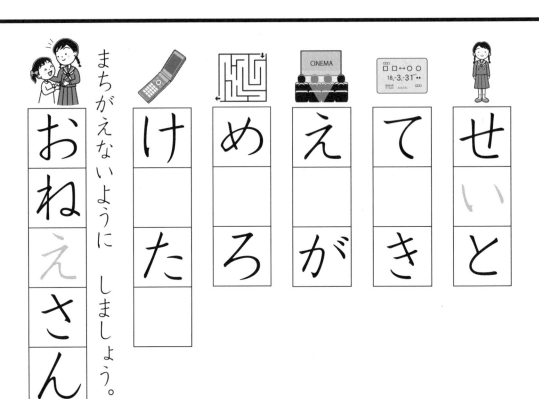

□の　なかに　「う」を　かいて
よみましょう。

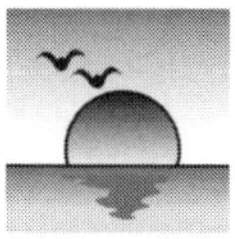
ゆうひ

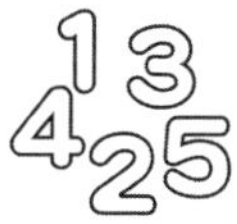
す□じ

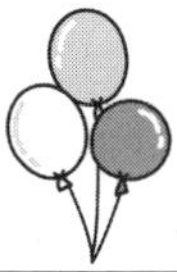
ふ□せん

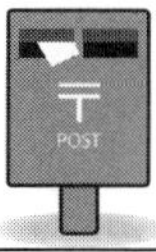
ゆ□びん

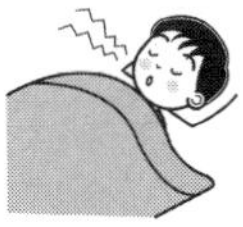
ぐ□ぐ□

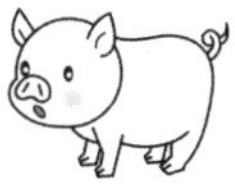
ぶ□ぶ□

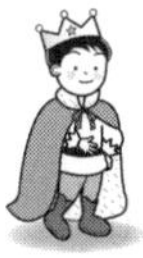
おうじ

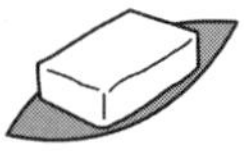
と□ふ

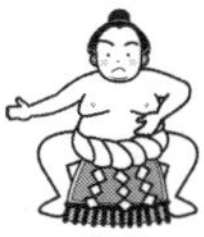
すも□

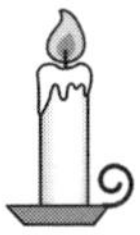
ろ□そく

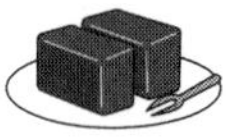
よ□かん

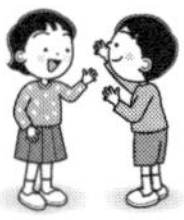
あそぼ□

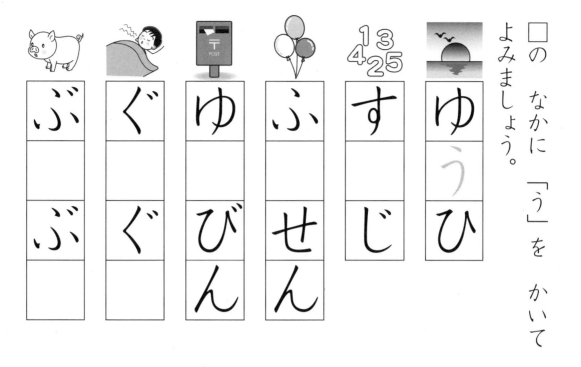

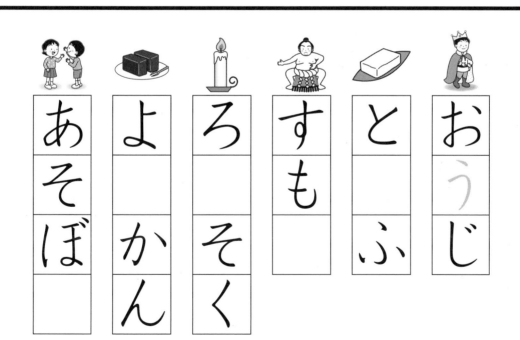

□の なかに 「う」を かいて よみましょう。

おとうと

いも□と

しょ□ゆ

そ□じき

も□ひとつ

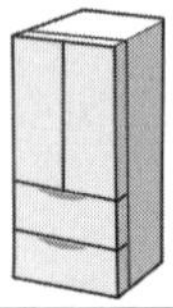
れいぞ□こ

れんしゅう
よんで かきましょう。

ひょうたん

びょういん

ちょうちょう

しょうじょう

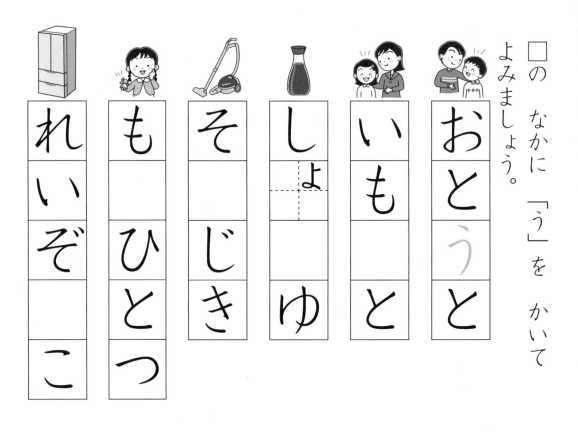

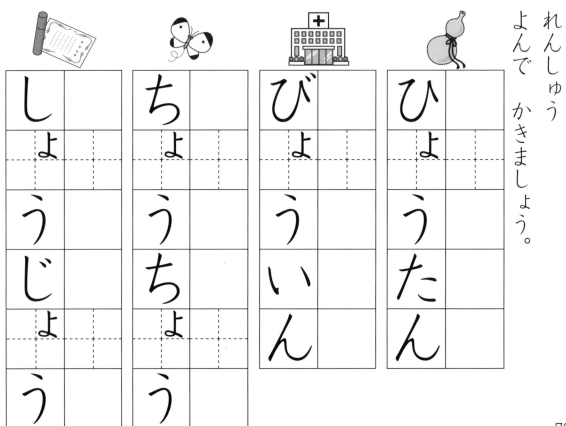

□の　なかに　「お」を　かいて
よみましょう。

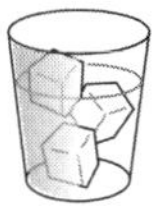
こ おり

お □ か み

こ □ ろ ぎ

お □ き い

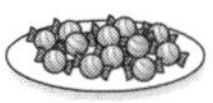
お □ い

まちがえないように　しましょう。

と う き ょ う

□の　なかに　うえの　もじの　ただしい
ほうを　かいて　よみましょう。

お・う

お □ じ

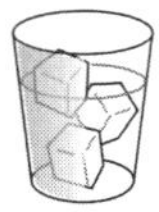
こ □ り

ぼ □ し

お □ そ □ じ

お □ ど □ り

さ よ □ な ら

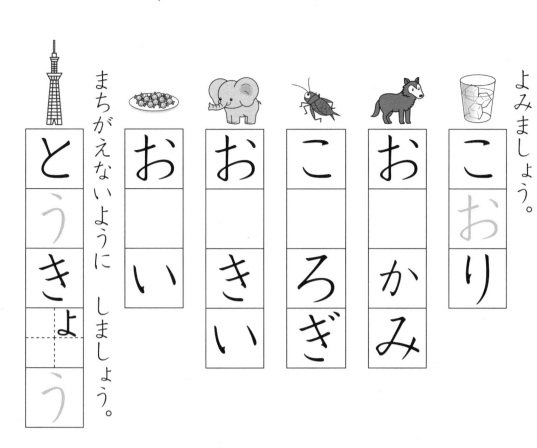

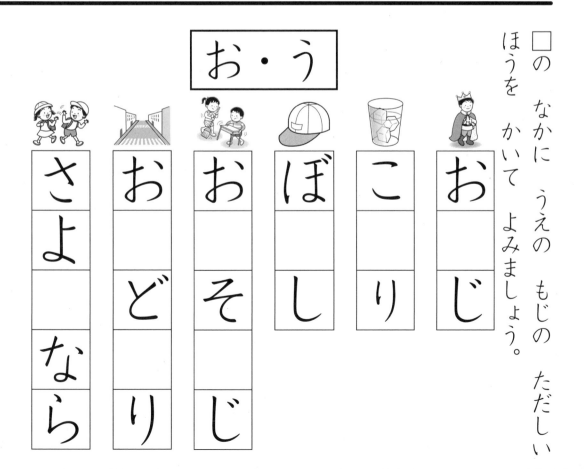

13 つなぐ もじ 「…は」「…へ」「…を」

つなぐ もじ 「は」を かいて よみましょう。

てほん （なぞりましょう。）

ぞうはおおきい。

あり　ちいさい。

なつ　あつい。

ふゆ　さむい。

つなぐ　もじ「は」を　かいて　よみましょう。

さんま　　さかなだ。

とまと　　やさいだ。

いるか　　およぐ。

うさぎ　　はねる。

つなぐ　もじ「へ」を　かいて　よみましょう。

てほん（なぞりましょう。）

えきへいく。

うみ　いく。

いえ　かえる。

うえ　あがる。

おてがみの「へ」を　かいて　よみましょう。

せんせい　

おばあちゃん　

つなぐ　もじ「を」を　かいて　よみましょう。

てほん（なぞりましょう。）

ふくをきる。

くつ　はく。

は　みがく。

て　あらう。

うた　うたう。

まど　しめる。

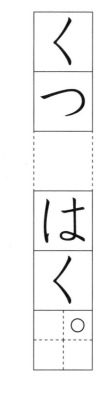

めの　れんしゅう　⑤

ばんごうじゅんに　つなぎましょう。

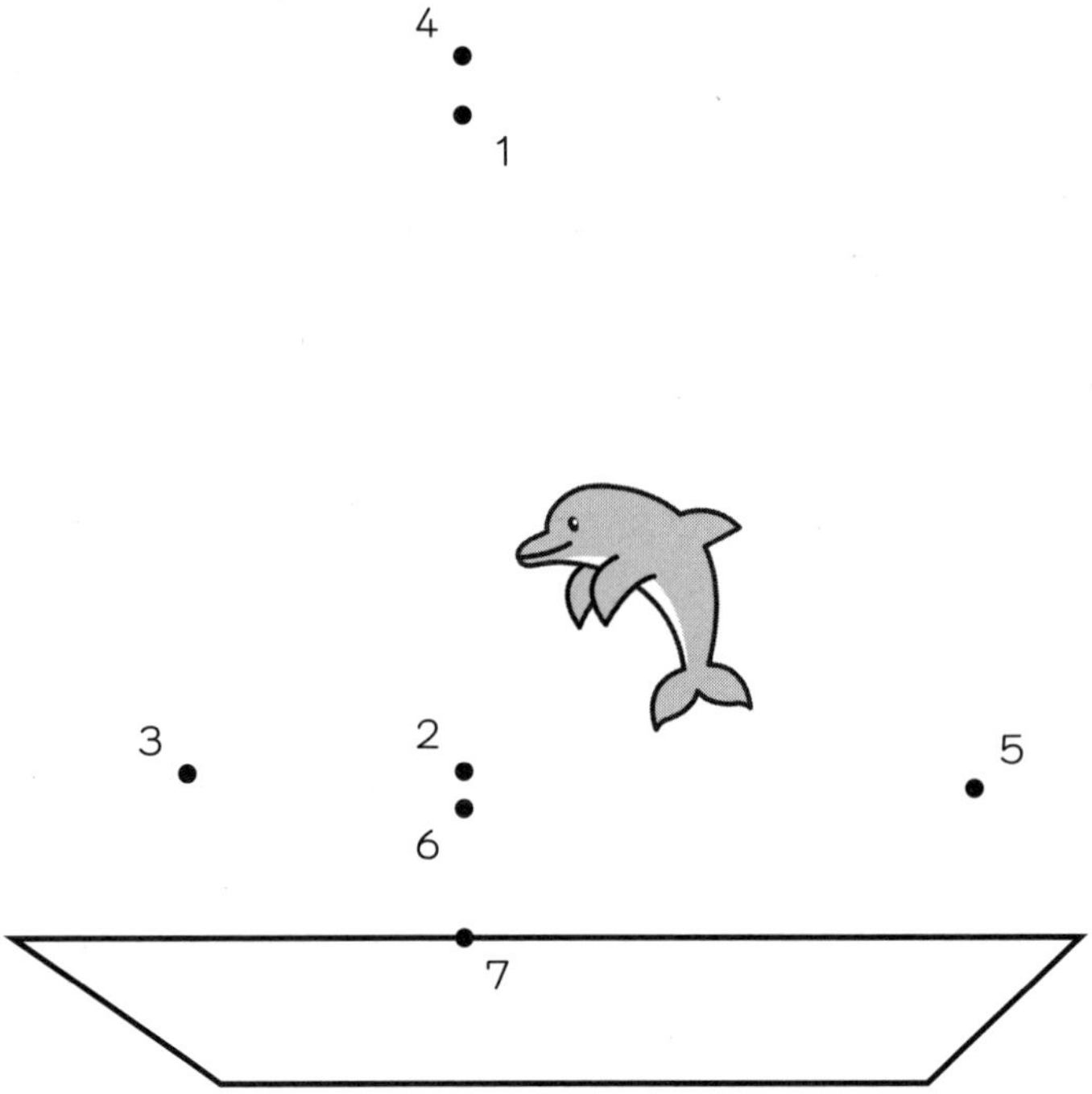

できたものを　かきましょう。

れんしゅう　しましょう。

ばんごうじゅんに　つなぎましょう。

できたものを　かきましょう。

れんしゅう　しましょう。

14 よむ れんしゅう

━ で つなげて できた ことばを よみましょう。

な

ま

く

す

め

り

―― で つなげて できた ことばを よみましょう。

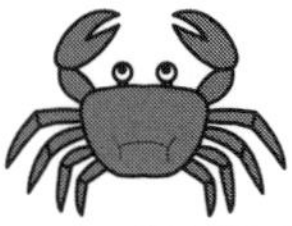

か

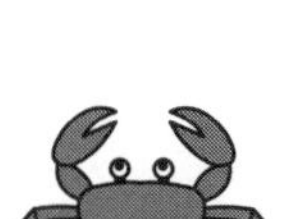

に

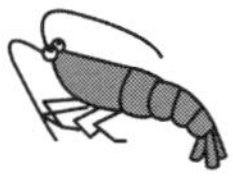

え

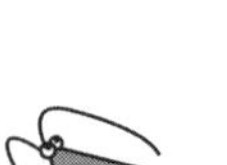

び

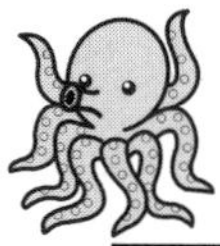

た

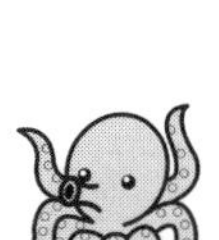

こ

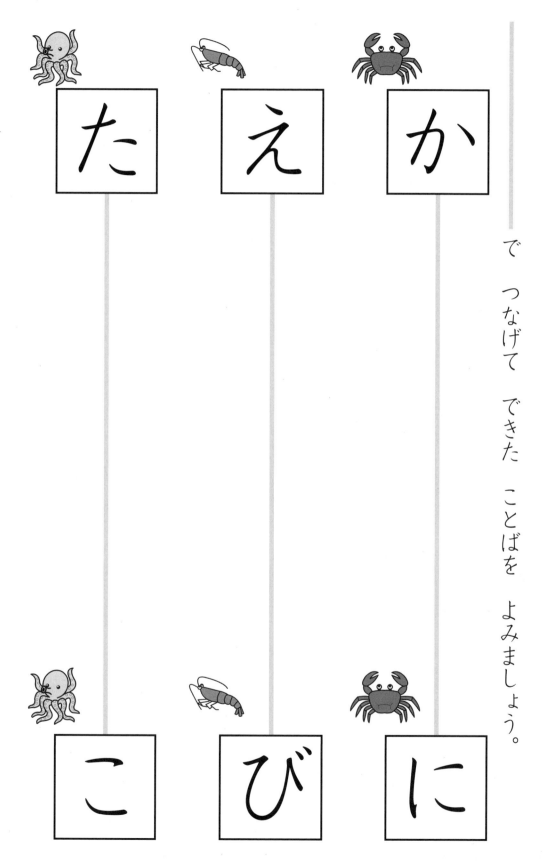

で　つなげて　できた　ことばを　よみましょう。

つ	ほ	く
き	し	も

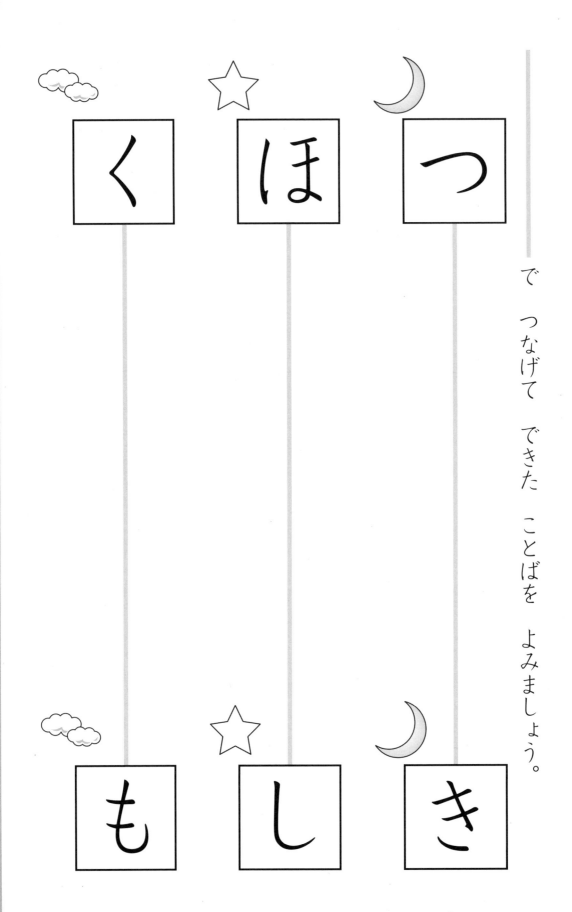

で　つなげて　できた　ことばを　よみましょう。

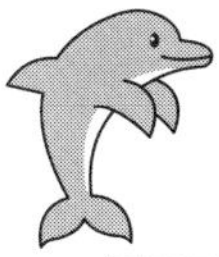

い

る

か

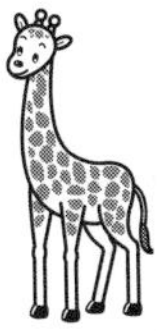

き

り

ん

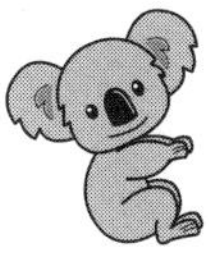

こ

あ

ら

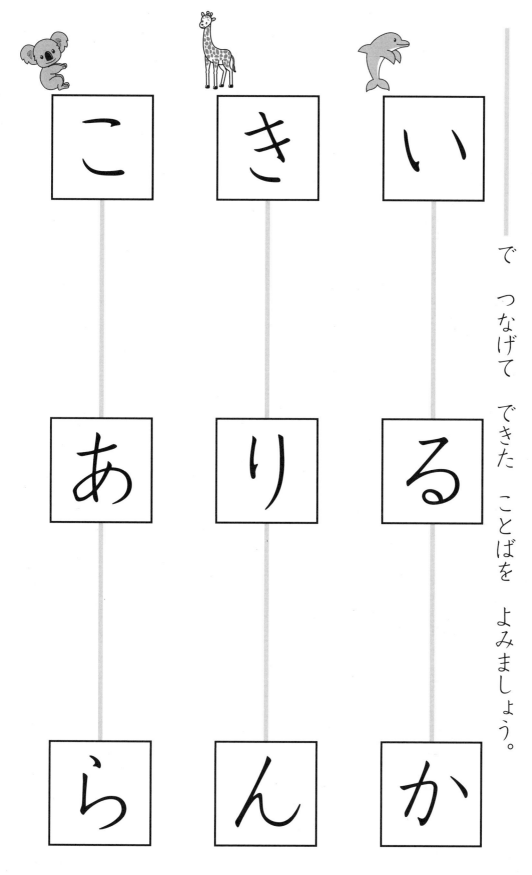

で　つなげて　できた　ことばを　よみましょう。

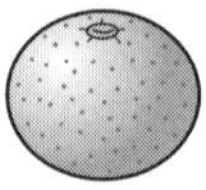

み

か

ん

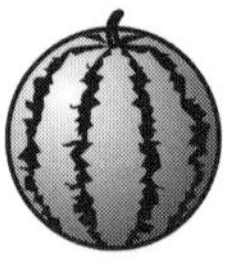

す

い

か

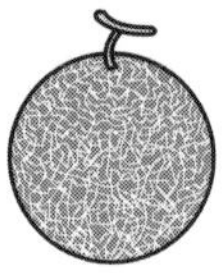

め

ろ

ん

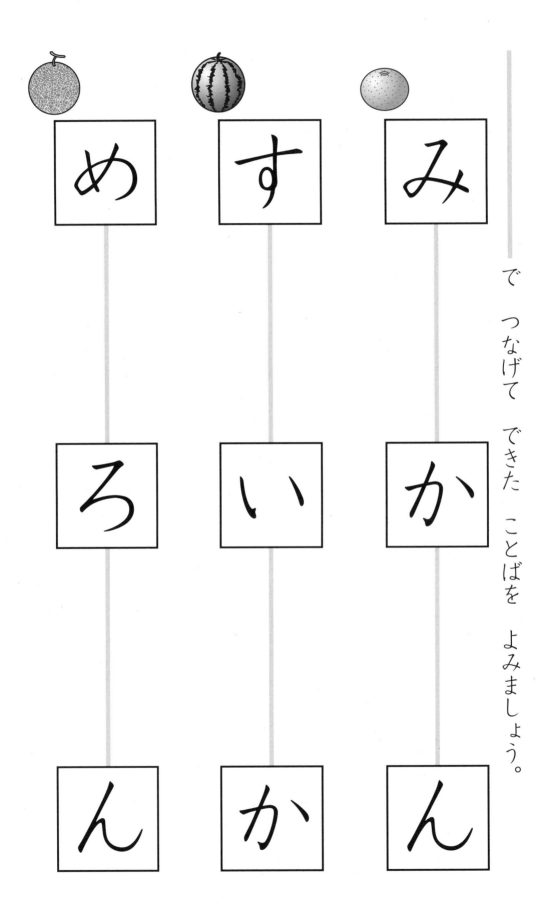

―――で　つなげて　できた　ことばを　よみましょう。

り
ん
ご

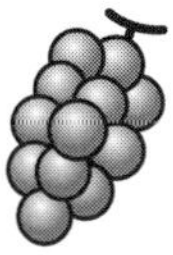

ぶ
ど
う

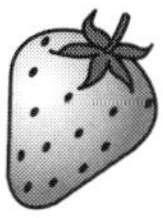

い
ち
ご

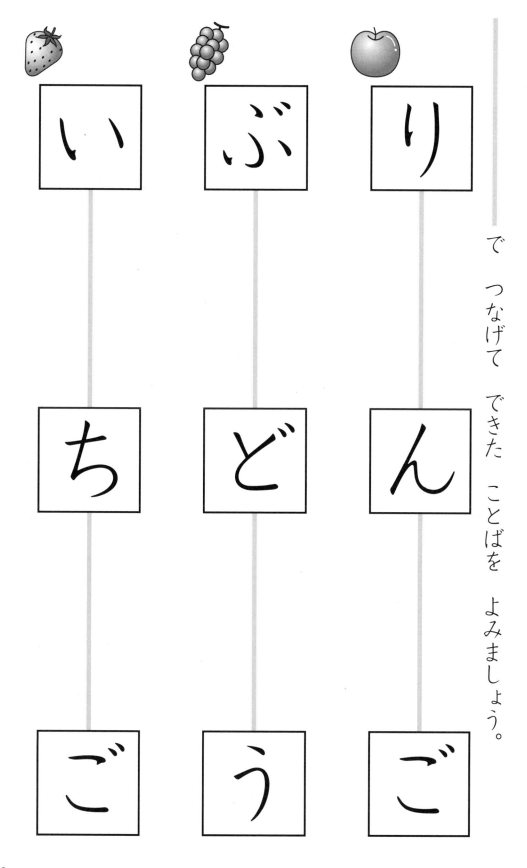

――で つなげて できた ぶんを よみましょう。

しろい ねこが います。

くろい ねこも います。

しましまの ねこも います。

――で　つなげて　できた　ぶんを　よみましょう。

かにの　つめは　2ほんです。

えびの　ひげも　2ほんです。

たこの　あしは　8ぽんです。

で　つなげて　できた　ぶんを　よみましょう。

ぞうは

はなが

ながいです。

つるは

あしが

ながいです。

ぶたは

はなが

みじかいです。

——で　つなげて　できた　ぶんを　よみましょう。

おつかいを
します。

はじめに
りんごを
かいます。

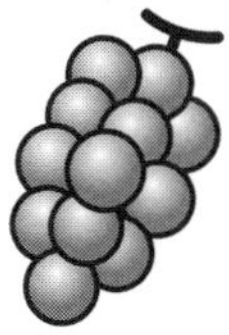

つぎに
ぶどうを
かいます。

よんで　かきましょう。

みかん

⇩

□□□

◯で　かこみましょう。

りんご　みかん　めろん　かき　みかん

りんごみかんめろん　かき　みかん　ばなな

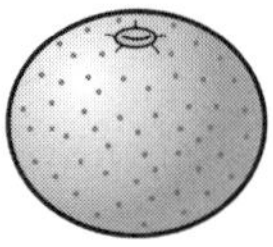

よんで　かきましょう。

ばなな

⇩

◯ で　かこみましょう。

みかん　りんご　めろん　かき　ばなな

くり　ばなな　もも　ばなな　ぶどう

みかん　りんご　めろん　ばなな　かき　れもん

よんで　かきましょう。

すいか
⇩
□□□

かき
⇩
□□

（　）で　かこみましょう。

すいか　りんご　めろん　かき　みかん

ばなな　かき　れもん　くり　ぶどう

すいか　もも　いちご　かき　すいか

くり　ぶどう　かき　もも　ばなな　すいか

よんで　かきましょう。

りんご

⇩

くり

⇩

〇で　かこみましょう。

みかん　りんご　めろん　かき　みかん

ばなな　かき　れもん　くり　ぶどう

すいか　めろん　いちごりんごかきくり

ぶどうりんご　もも　ばなな　くりりりんご

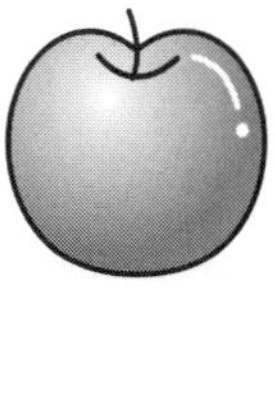

つぎの　ぶんを　よみましょう。

みんなで　いちごを　たべました。

よんで　かきましょう。

みんな

いちご

たべました

もういちど　よみましょう。

みんなでいちごをたべました。

つぎの　ぶんを　よみましょう。

おにいさんと　でんしゃに　のりました。

よんで　かきましょう。

おにいさん	でんしゃ	のりました
⇩	⇩	⇩
□□□□□	□□□□	□□□□□

もういちど　よみましょう。

おにいさんとでんしゃにのりました。

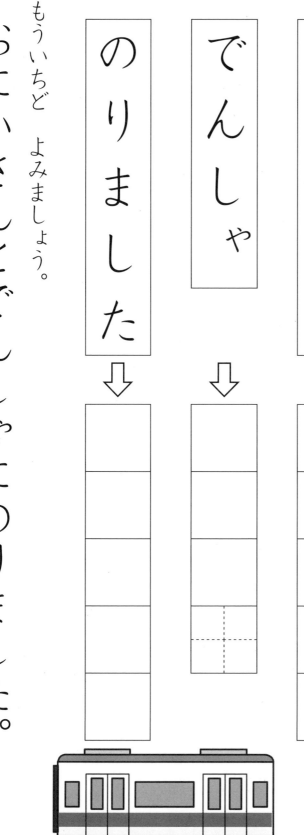

つぎの　ぶんを　よみましょう。

きょうは　あさがおが　たくさん

さきました。

よんで　かきましょう。

きょう

あさがお

たくさん

さきました

もういちど　よみましょう。

きょうはあさがおがたくさんさきました。

つぎの　ぶんを　よみましょう。

なつやすみに　ともだちと　せみを
とりました。

よんで　かきましょう。

なつやすみ

ともだち

せみ

とりました

もういちど　よみましょう。

なつやすみに　ともだちと　せみを　とりました。

【著者】

武田　洋子

（たけだ・ようこ）

秋田県生まれ
1977年　秋田大学医学部卒業
1978年　信州大学医学部小児科学教室入局
1991年　フランス　パリ　ネッカー小児病院にて研修
1992年　帰国後　障害者医療に従事
全国重症心身障害児（者）を守る会　三宿診療所　所長
日本小児科学会　小児科専門医

＊

受賞）2010年　NPO日本教育再興連盟賞

【監修】

平岩　幹男

（ひらいわ・みきお）

福岡県生まれ
1976年　東京大学医学部卒業
1978年　三井記念病院（～1980年）
1980年　帝京大学附属病院（～1993年）
1994年　戸田市立医療保健センター（～2007年）
Rabbit Developmental Research代表

＊

受賞）2002年　第２３回母子保健奨励賞、毎日新聞社賞

［装幀・カバー＆別冊イラスト］　池田泰子
［本文イラスト］　くらべちづる
［デザインDTP］　クラップス
［編集担当］　阿部活

発達障害・ひらがなが苦手・どの子も伸ばす

ゆっくり よみかき トレーニング

ぶどう・きっぷ・ちょうちょうなど 音読と書字のための視覚トレーニング

2018年2月6日　初版第１刷発行

発行人　杉本　隆
発行所　小学館
〒101-8001
東京都千代田区一ツ橋2-3-1
電話　〈編集〉03（3230）5470
〈販売〉03（5281）3555
印刷所　図書印刷株式会社
製本所　古宮製本株式会社

ISBN978-4-09-837760-2